矿建工程项目风险管理理论与方法

赵金煜　信春华　著

北　京
冶　金　工　业　出　版　社
2016

内 容 简 介

本书将现代项目风险管理理论运用于矿建工程，综合运用系统科学、经济学、管理学、应用统计学等领域的投入产出分析、博弈理论、风险管理理论、因子分析模型、未确知测度理论等相关理论和方法，较为系统深入地研究了矿建工程项目风险管理的效益及动因、矿建工程项目关键风险因素的识别方法、评估方法、应对策略、监测预警机制和保障机制。

本书可供科研人员或从事煤矿建设的工程技术人员和管理人员参考。

图书在版编目(CIP)数据

矿建工程项目风险管理理论与方法/赵金煜，信春华著. —北京：冶金工业出版社，2016. 5

ISBN 978-7-5024-7246-7

Ⅰ. ①矿…　Ⅱ. ①赵…　②信…　Ⅲ. ①煤矿建设—项目风险—风险管理—研究　Ⅳ. ①F407. 21

中国版本图书馆 CIP 数据核字（2016）第 110039 号

出 版 人　谭学余
地　　址　北京市东城区嵩祝院北巷 39 号　邮编　100009　电话　(010)64027926
网　　址　www. cnmip. com. cn　电子信箱　yjcbs@ cnmip. com. cn
责任编辑　张耀辉　郭冬艳　美术编辑　吕欣童　版式设计　彭子赫
责任校对　禹　蕊　责任印制　李玉山
ISBN 978-7-5024-7246-7
冶金工业出版社出版发行；各地新华书店经销；固安华明印业有限公司印刷
2016 年 5 月第 1 版，2016 年 5 月第 1 次印刷
148mm × 210mm；5. 5 印张；173 千字；165 页
29. 00 元
冶金工业出版社　投稿电话　(010)64027932　投稿信箱　tougao@cnmip. com. cn
冶金工业出版社营销中心　电话　(010)64044283　传真　(010)64027893
冶金书店　地址　北京市东四西大街 46 号(100010)　电话　(010)65289081(兼传真)
冶金工业出版社天猫旗舰店　yjgycbs. tmall. com
（本书如有印装质量问题，本社营销中心负责退换）

前　言

煤炭工业仍是我国能源的支柱产业，更是国家能源安全的保障。随着我国经济的发展，能源需求越来越大，我国加快了煤矿建设的步伐。近年来，随着我国煤炭埋深的逐步增加，煤矿建设难度越来越大，风险因素越来越多，经常受到水、火、瓦斯、煤尘、冒顶等多种灾害的威胁，风险也随之越来越大，煤矿建设期发生事故的情况也不断增多。而我国过去在矿井建设项目管理实践中，习惯于简单照搬国内外其他行业的建设项目管理模式，忽视煤炭矿井建设项目的特点，特别是对矿井建设过程中的风险管理重视不够，以至重大事故频发。在此背景下，亟需将现代风险管理的理论和方法引入煤炭矿井建设项目，针对矿井建设工程项目的特点进行系统深入的研究与探讨，并加以创新和发展，形成科学、系统的矿井建设项目风险管理模式、方法和体系。

本书综合运用系统科学、经济学、管理学、应用统计学等领域的投入产出分析、博弈理论、风险管理理论、因子分析模型、未确知测度理论等相关理论和方法，较为系统深入地研究了矿建工程项目风险管理的效益及动因，矿建工程项目关键风险因素的识别方法、评估方法、应对策略、监测预警机制和保障机制。

本书共分为7章，主要内容包括：第1章在国内外相关文献综述的基础上，确定论文研究的出发点，指出论文的研究方法和技术路线；第2章对项目风险管理中的各种概念、基础理论进行了概述，为全文以后章节的研究夯实基础；第3章对矿建工程项目风险管理的动因进行剖析，界定矿建工程项目风险管理主体，研究风险管理动力系统的构成要素，并建立基于风险分担的业主与承包商风险管理合作博弈模型，通过定量模型分析寻找双方积极合作进行风险管理的条件与影响因素；第4章在文献研究的基础上，设计和发放风险调查问卷，再对回收的问卷进行统计分析，识别出关键的风险因素，并利用因子分析消除风险因素之间的线性相关关系；第5章建立矿建工程项目风险评估指标体系，针对矿建工程项目风险特点，将信息熵理论和未确知测度理论引入矿建工程项目风险评估，构建基于未确知测度的矿建工程项目风险评估模型；第6章研究矿建工程项目的风险监控预警措施以及风险监控模式，建立矿建工程项目风险管理的保障机制；第7章结合龙固矿建工程项目的实际，运用第5章构建的矿建工程项目风险评估方法，对其风险进行实际评估。

在本书撰写过程中，一些学术界和实业界的同行及朋友也为本研究提供了大量的资料，使我的工作建立在坚实的研究基础之上，在此表示衷心的感谢。本书的出版得到了北京建筑大学财政专项资助。

尽管在研究和写作过程中尽心尽力，力求论述清楚、分析透彻，但由于矿建工程项目风险管理方面的研究还处于初期阶段，加之个人能力和水平所限，书中不足和疏漏之处在所难免，恳请广大读者批评指正。

作　者

2015 年 12 月于北京

目　　录

1 绪　论

本章分析了研究的背景和意义，对国内外风险管理的相关现状进行综述，指出了本书研究的出发点，并阐述本书研究内容、方法和技术路线。

1.1 问题的提出与研究意义

1.1.1 问题的提出

能源是推动社会经济发展的动力，能源的可持续开发与利用是实现社会经济、人口、资源、环境协调发展的重要基础与物质保障。我国的经济发展保持了30多年的高速增长，经济规模逐步扩大，经济总量已跃居世界第二位，人民的生活水平不断提高，与此同时，能源的总体需求量和人均消费量也逐年增长。目前，我国已成为世界上仅次于美国的第二大能源消费国。

我国的一次性能源消费以煤为主，煤炭在一次性能源结构中占有不可替代的地位，据预测，在未来20~50年内，我国一次性能源生产和消费以煤为主的格局不会改变。我国建设全面小康社会的伟大实践，对能源供应提出了更高的要求。随着经济的飞速发展，我国对煤炭的需求量在不断增加。据中国国家统计局公布，2009年我国原煤产量达30.5亿吨[1]，到2009年底，我国探明煤炭资源储量1.2万亿吨，累计生产煤炭459亿吨，占我国能源生产总量的76%，占能源消费量的69%。预计在今后相当长时期内，煤炭仍将作为我国的主体能源，煤炭工业仍将是我国能源的支柱产业，更是国家能源安全的保障[2]。经济的发展需要我国煤炭工业的支撑，这要求我们建设一批现代化的大型矿井，保证能源持续供应。目前，许多矿业集团都在加紧建设新的矿井。

由于长期的开采，我国浅部煤炭资源日益枯竭，在已探明的储量中，埋深在 -1000m 以下的为 2.95 万亿吨[3]，占总量的 53%。根据我国目前资源开采状况，煤炭开采深度以每年 8 ~ 12m 的速度增加[4]，预计未来 20 年内，我国很多煤矿将进入 1000 ~ 1500m 的开采深度[5]。随着煤炭资源开采深度的增加，矿井建设的难度也逐渐加大，面临的风险因素明显增多，出现地质条件恶化、地应力增大、涌水量加大、地温升高、作业环境恶化、井筒施工难度加大、巷道支护困难、地质灾害增多、通风降温困难和生产成本急剧增加等一系列问题。尽管国家高度重视煤矿安全建设和生产，增加煤矿安全设施，矿难还是屡屡发生，2005 ~ 2009 年全国发生一次死亡百人以上的矿难 6 起，4 起发生在国有大煤矿。近几年，煤矿建设期发生事故的情况也不断增多。据国家煤矿安监局通报，近期国有煤矿基建矿井发生多起重大及重大以上事故。

2009 年 5 月，重庆市松藻煤电有限公司同华煤矿在建设施工过程中发生特别重大煤与瓦斯突出事故，造成 30 人死亡，79 人受伤。

2009 年 10 月，神华宁夏煤业集团有限责任公司大峰矿发生重大炸药爆炸事故，造成 14 人死亡、2 人重伤、5 人轻伤。

2010 年 3 月，华晋焦煤有限责任公司王家岭煤矿施工期间凿通小窑老空水，发生透水事故。

另有多起生产矿井发生事故，事故原因有多种，既有天灾也有人祸。历史表明，煤矿发生安全事故不仅造成财产损失，更为严重的是常危及人身生命安全。煤矿安全管理问题严重影响到我国煤炭工业的健康发展，也影响到煤炭工业的社会形象。因此加强煤矿风险管理十分紧迫。

目前，煤矿安全问题已经引起了广泛的社会关注，从政府领导到社会群众，都对煤矿安全问题十分关注。而我国过去在矿井建设项目管理实践中，习惯于简单照搬国内外其他行业的建设项目管理模式，忽视煤炭矿井建设项目的特点，特别是对矿井建设过程中的风险管理重视不够，以至重大事故频发。风险管理不仅是决定矿井建设项目目标能否顺利实现的关键因素，对保证煤矿建设的安全、质量、进度、投资具有十分重要的意义，而且对于保障人们的生命财产安全，保障我国煤炭工业的持续健康发展，具有十分重要的意义。而大型煤矿尤其是国有大型煤矿重大事故的频发现象，表明煤矿风险管理的意识、理论与方法还存在明显不足。

在此背景下，亟需将现代风险管理的理论和方法应用于煤炭矿井建设项目，针对矿井建设项目的特点进行深入系统地研究与探讨，并加以创新和发展，形成科学的、系统的矿井建设项目风险管理模式、方法和体系。

1.1.2 研究意义

（1）开展矿建工程项目风险管理理论和方法研究是完善工程项目管理理论体系的需要。

风险管理作为贯穿矿建工程项目始终的项目活动，其中蕴含的思想、理论和方法必将且也应该成为工程项目管理理论研究的重要内容。针对矿建工程项目的特点，深入分析矿建工程项目风险特征，构建矿建工程项目风险识别、评价、监控的各种模型，探讨风险管理实施的应对措施和各种保障机制，是本书的重点，也是风险管理理论体系研究的组成部分，对于完善工程项目风险管理体系具有重要意义。

（2）开展矿建工程项目风险的研究有助于我国的矿建工程项目管理与世界接轨。

作为项目管理理论的重要组成部分，目前，风险管理理论已广泛应用于各种工程，世界银行要求对其每个贷款项目都要进行风险分析。在我国，工程项目风险管理起步较晚，实践经验积累不足，也尚未形成完整的风险管理理论体系，在实践中项目风险管理的随意性也较强。而煤矿建设包括地质勘探、建设项目投资决策、建设准备和投资实施等阶段，是一个多环节、多项目的复杂庞大的系统工程，并且矿建工程项目有其自身的技术特点和特殊要求，这决定了矿建工程项目风险管理与一般的建设项目风险管理相比，风险管理的难度更大。因此，以项目风险管理理论为指导，深入研究矿建工程项目的风险管理理论和方法以及关键风险因素的监测预警机制和安全机制，不仅是构建我国矿建工程项目风险管理体系的需要，也是促进我国工程项目风险管理理论同世界接轨的需要。

(3) 开展矿建工程项目风险研究有助于顺利完成建设任务，促进煤矿的持续、快速、健康发展。

理论研究是指导项目实践的重要依据。矿建工程除面临地面一般工程项目的危险与有害因素以外，还有其特殊危险与有害因素，如顶板冒落、水灾、火灾、瓦斯爆炸、煤尘、中毒、窒息等一系列风险因素，而且一种事故的发生，往往会引起另一事故的发生，风险因素的变化呈现动态性。随着现阶段我国煤矿开采深度不断增加，矿建工程风险因素越来越多。外部环境的变化也会促使一些新的风险逐步形成，这些风险因素或多或少地会作用于项目的正常施工，将直接或间接地影响项目目标的实现。因此，运用科学的风险管理方法，分析识别矿建工程的关键风险因素，建立矿建工程项目风险评估指标、评估模型，健全矿建工程风险的监测体系以及建立风险预防措施，能够从根本上减少项目风险带来的损失，确保实现项目既定目标，促进煤矿的快速、安全、高效建设。

煤矿安全是我国安全生产工作的重中之重，有效的风险管理理论与方法是煤矿安全建设的根本保障。近几年来随着煤矿建设规模的日益增大，矿井建设的复杂性不断增加，面临的风险日益加大。面对日益严峻的煤矿安全生产形势，尽管理论界与实务界从技术、管理、经济等多角度开展了对煤矿安全生产管理的研究，也取得了一些研究成果，但矿建工程风险管理尚缺乏系统的理论和方法。本书针对矿建工程风险的特点，系统研究矿建工程风险管理的理论和方法，不仅可以丰富矿建工程管理理论体系，而且在对于提高我国煤矿建设项目管理水平，快速安全高效地建设一批现代化大型矿井，保障能源供应等方面都有重大的现实意义。

因此，系统研究矿建工程风险管理的理论和方法具有很大的理论及实践意义。

1.2 国内外相关研究现状

1.2.1 项目风险管理过程述评

1.2.1.1 项目风险管理过程综述

由于研究的背景和对象不同，不同的组织或个人对于风险管理过程的认识也不相同，三个最大的国际项目管理组织（PMI，IPMA、APM）都建立了自己的风险管理过程标准，中国项目管理研究会（PMRC）也提出了自己的项目风险管理过程。

（1）2000年，PMI在PMBOK中把风险管理过程描述为：风险管理计划—风险识别—风险定性分析—风险定量分析—风险应对计划—风险监测与控制六个过程[6]。

（2）2002年，IPMA在项目管理专业资质标准（ICB）中将项目风险管理过程划分为：风险识别—风险分类—风险量化—风险应对—风险监控五个过程[7]。

（3）APM将风险管理过程划分为：定义—集中—识别—结构—所有权—估计—评价—计划—管理九个过程[8]。

（4）中国项目管理研究会（PMRC）将项目风险管理过程分为：风险管理规划—风险识别—风险评估—风险量化—风险应对计划—风险监控等[9]。

其他一些著名的风险管理专家和学者也根据自己的研究范围和使用习惯，对风险管理过程提出不同的观点。较有代表性的有；

Boehm将风险管理过程分为风险评估（风险辨识、风险分析、风险排序）和风险控制（风险管理计划、风险处置、风险监控）两个阶段、六个步骤[10]；R. J. Chapman将风险管理过程分为风险分析和风险控制两个步骤[11]；Kliem和Ludin在其著作中把风险管理分为风险辨识、风险分析、风险控制和综合报告四个阶段[12]；Alfredo Delcano把风险管理过程分为启动（参数—项目—过程—团队）、权衡（识别—建模—估计—评价—平衡）、维护、学习[13]；V. M. R Tummala把风险管理过程分为风险识别、风险度量、风险估计、风险评估、风险控制和监测五个阶段[14]；Fairley将风险管理过程分为辨识风险因子、估算风险概率和后果、制定减轻风险策略、监控风险因子、调用紧急计划、处理项目危机和项目从危机中复苏七个阶段[15]；Chapman和Ward将风险管理过程分为定义项目的关键域、制定风险管理策略方法、辨识风险源、构建风险假定和关联信息、指定风险责任和应对措施、估算不确定程度、评价风险间的关联度、制定应对计划以及监控和控制风险九个步骤[16]。

国内的学者和风险管理专家对风险管理过程也有很多研究成果。毕星、翟丽把项目风险管理划分为风险识别、风险分析与评估、风险处理、风险监督四个阶段[17]，具体内容如图 1.1 所示。

风险识别 ⇨	风险分析与评估 ⇨	风险处理 ⇨	风险监督
• 风险识别询问法	• 风险的概率分布	• 风险控制与对策	• 保险经纪人
• 财务报表法	• 历史资料统计	• 回避	• 项目风险经理
• 流程分析法	• 理论分布分析	• 损失控制	• 项目风险机构
• 现场勘查法	• 外推方法	• 分离	• 项目风险管理制度
• 相关部门配合法	• 项目风险量确定	• 分散	
• 索赔统计记录法	• 项目风险费用分析	• 转移	
• 环境分析法	• 项目风险评价准则	• 风险财务对策	
	• SAVE 方法	• 自留	
	• AHP 方法	• 转移（有偿）	
		• 保险	

图 1.1 四阶段的风险管理过程

沈建明将项目风险管理过程划分为风险规划、风险识别、风险估计、风险评估、风险应对、风险监控六个阶段[18]，各阶段的工作如图 1.2 所示。

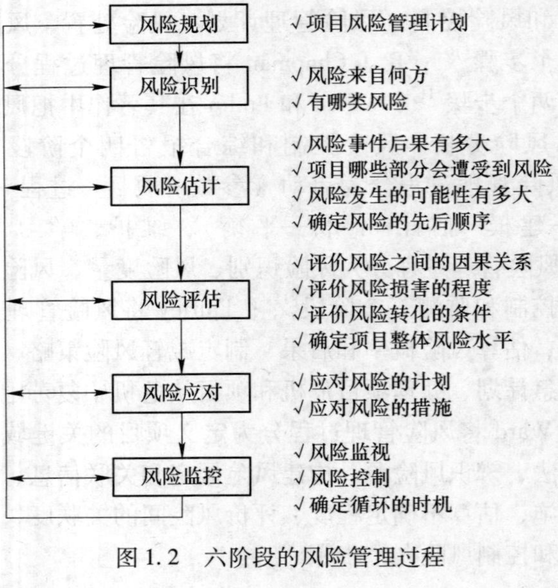

图 1.2 六阶段的风险管理过程

1.2.1.2 项目风险管理过程研究评价

通过风险管理过程分析，可以看出，各个组织和专家学者对风险管理的过程划分不尽相同，但是都包括风险因素识别、风险评估、风险应对和风险监控四个关键过程，这四个过程是风险管理的核心内容。因此本书也从风险识别、风险评估、风险应对和风险监控四个过程对矿建工程项目风险管理展开研究。

风险因素识别是指通过对项目所面临的以及潜在的风险因素加以判断，确定可能影响项目目标实现的不确定性因素，并加以整理形成文档的过程。风险因素识别作为风险管理工作的起点，是风险管理的基础工作。风险因素识别的结果对整个风险管理工作都会产生巨大影响。一方面，风险因素识别能够为风险分析提供必要的信息和评价指标，提高风险管理工作的效率；另一方面，风险因素识别的纰漏可能给项目造成新的风险，这尤其需要引起风险管理者的注意。

风险评估是指在风险因素识别的基础上，对识别出的风险因素的发生概率和可能造成后果的严重程度等进行定性或定量的分析。它是风险管理不可缺少的关键步骤，是风险监控的基础，可以为选择最佳的风险管理措施提供依据。

风险应对是根据风险评估的结果，对风险因素采取的计划措施，一般有 4 类：风险回避、风险缓解、风险转移和风险自留。

风险监控是对已经识别的风险进行跟踪、监视，检查风险应对措施的效果，监视残余风险，并识别新出现的风险。它有两层含义：

（1）当风险事件发生时，及时采取预定风险控制措施；

（2）当情况发生变化时，需要对项目风险进行重新分析，并制定规避措施。

1.2.2 项目风险分析技术与方法述评

1.2.2.1 项目风险分析技术与方法综述

风险分析是项目管理者识别风险因素，准确认识风险发生条件、描述风险特征并对风险影响进行评价的过程，是项目风险管理的基础工作，在项目风险管理过程中起着十分重要的作用。现代数学和计算机技术的迅猛发展为风险研究提供了技术支持，使大量复杂的计算成为可能，风险分析技术和方法也得到了迅速发展。下面简单介绍一些常用的风险分析方法。

A 专家调查法。

专家调查法是一种定性分析方法，也是比较常用的风险识别方法。它充分利用了专家的专业理论知识和丰富的实践经验，通过咨询相关的专家，结合具体项目对各个风险因素发生的可能性和后果进行评分，形成项目风险因素调查表，从而识别出关键风险因素。其主要方法有德尔菲法和头脑风暴法等。

a 头脑风暴法

头脑风暴法（brain-storming）是指刺激并鼓励专家畅所欲言，通过专家之间的相互交流以发现潜在的风险因素及相关危险、风险、决策标准及/或处理办法，该方法是由美国学者阿历克斯·奥斯本于1939年首次提出后并在风险识别中得到广泛应用。主要方式是专家会议，通过专家之间的信息交流，从而使专家们产生“思维共振”，来获得更多的预测或识别信息。实施头脑风暴法过程中，有效的引导很重要，其中包括开始阶段刺激讨论；定期鼓励小组进入相关领域；捕捉讨论中产生的问题。

头脑风暴法的优点主要包括：

（1）激发想象力，易发现新的风险因素和全新的解决方案；

（2）让主要的利益相关者参与其中，因此有助于进行全面沟通；

（3）速度较快并易于操作。

头脑风暴法的局限是：

（1）与会专家可能缺乏必要的技术及知识，无法提出有效的建议；

（2）专业领域内权威人士的意见可能会左右其他人员的意见。

b 德尔菲法

德尔菲法（Delphi）首先由美国兰德公司（Rand Corporation）在20世纪40年代末使用，该方法通过信函反复征求专家意见，整理并反馈，经过多次重复该过程，使专家意见趋向一致。

德尔菲法优点包括：（1）能充分发挥各位专家的作用，集思广益，准确性高；（2）避免了权威人士的意见影响他人的意见。

B 情景分析法

情景分析法（scenarios analysis 也称幕景分析法），是由美国科研人员于1972年提出的，它适合对风险因素较多的项目进行风险因素识别。英国的罗吉·弗兰根教授在其著作中对此方法进行了介绍[19]。该方法通过对项目内外相关的因素进行系统分析，在假定某些因素可能发生变化的基础上，设计出多种可能的未来情景，提出多个可能结果，从而对项目风险进行预测和识别。在下列的情况下，情景分析法通常有很大作用：

（1）分析某种方法或措施可能引起的风险；

（2）界定风险管理的范围；

（3）发现某些关键的风险因素带来的影响[20]。雷军华等曾用情景分析法对尼泊尔某灌溉工程的国际工程承包风险进行识别[21]。

C 风险登记表

T. M. Williams 提出了一种经典的风险登记表方法（Projects Risk Register，PRR）进行风险的识别[22,23]。风险登记表中，每一个项目风险有四部分内容：

（1）事件：包括对风险、风险发生的可能性估计（通常初步划分为“高”、“中”、“低”）及其责任者的描述（感受到风险影响的一方以及负责消除或矫正其影响的一方）；

（2）影响：包括对风险影响的项目目标（时间、费用以及绩效）、风险对目标影响的严重程度估计。同时还要描述计划网络中受影响的活动以及活动组的工期风险，需要描述受影响的任务分解结构中的各项费用风险，或者费用扩大的概率。

（3）措施：对每一个风险因素都制定风险缓解措施以及风险应急计划。

（4）记录：记录可能发生的风险转移程度。

调查表明，风险登记表成为最简单也最实用的风险管理技术[24]。

D 核查表法

核查表（check list）是根据以往项目的经验，将类似项目中经常出现的风险事件进行归纳和总结，汇总在一张表上，风险识别人员据此检查和核对某工程项目可能出现的风险因素，以分析该项目是否可能发生类似风险[25]。根据包含的内容不同，风险核查表可以有多种不同的形式。目前此类方法在工程项目的风险识别中已得到大量采用。以色列的 Aury Shaked 教授提出的国际工程风险估计模型框架(ICRAM-1)[26]、张建设等提出的表上作业法等都属于此类方法[27]。

E 失效模式与效应分析法

失效模式与效应分析法（Failure Mode Effects Analysis，FMEA）是一种重要的风险分析方法，可以按照风险评估需要，将系统分为若干子系统，然后逐个分析各子系统可能发生的失效模式及其产生的效应，以便采取相应的防治措施，提高系统的安全性。该方法的一般步骤为：(1) 将系统分割成子系统；(2) 分析各子系统可能的失效模式；(3) 根据失效模式对系统或子系统影响程度的不同，定性地或半定量地划分成不同的等级[28]。20 世纪 60 年代，美国航天局（NASA）成功将 FMEA 应用到航天项目上。之后 FMEA 不断发展，与严重度分析（criticality analysis，CA）组合形成失效模式与严重度分析（failure mode effects and criticality analysis，FMECA），应用范围更为广泛[29]。

进行 FMEA 工作所涉及的主要问题是：(1) 失效。针对系统的具体情况，以设计文件或相关标准、规范为依据，从功能、工况条件、工作时间、结构等确定本系统失效的定义，并确定表征失效的主要参数。(2) 失效模式。考虑系统中各部件可能存在的隐患，依据具体内容确定失效模式。(3) 失效机理。根据所确定的失效模式，进行失效机理分析，并确定失效或危险发生的主要控制因素。(4) 失效后果。在进行失效后果分析时，应考虑任务目标、维修要求以及人员和设备的安全性等[30]。

F 蒙特卡罗模拟

蒙特卡罗模拟（Monte-Carlo，MC）是风险估计的常用方法，通过随机变量的统计试验而模拟得到项目目标在存在风险情况下的分布概率。该分析能用于那些不同输入数据相互作用的情形，输入数据可以基于各种分布类型。风险评估中常常采用的是三角或贝塔分布。

蒙特卡罗模拟方法的一般步骤是[31]：

(1) 对每一项因素，使用最小、最大和最可能估计数据，选择一种合适的先验分布模型；

(2) 计算机根据上述输入，利用给定的某种规则，快速实施充分大量的随机抽样；

(3) 对随机抽样的数据进行必要的数学计算，求出结果；

(4) 对求出的结果进行处理，求出最小值、最大值以及数学期望值和单位标准偏差；

(5) 根据求出的统计学处理数据，用计算机自动生成概率分布曲线和累积概率曲线；

(6) 依据累积概率曲线进行项目风险分析。

G 事件树分析

事件树（Event Tree，ET）是以初始事件为根，以安全措施或后续事件为节点，以响应结果为枝叶的树状结构。事件树分析法就是从初始事件开始，分析初始事件可能导致的各种事故的序列组合，从而定性或定量地分析项目风险。场景是事件树分析的基础，指从初始事件到响应结果的路径，包括初始事件、关键事件和结果状态[32]。事件树分析现广泛应用于工程项目的风险识别，其一般步骤为：(1) 确定初始事件；(2) 确定安全措施；(3) 构造事件树；(4) 描述风险场景；(5) 定量分析风险场景的概率[33]。

罗桦宾等利用该模型对海洋平台工程的风险进行了定量的风险识别和估计[34]。金朝光、林焰、纪卓尚将模糊集理论与事件树分析结合起来，利用三角模糊数或梯形模糊数计算评价风险因素，并应用于船舶制造风险分析[35]。

H 工作分解结构

工作分解结构（Work Breakdown Structure，WBS）是将整个项目的工作任务和活动任务按照一定的层次体系进行分解，使其成为相互独立的工作单元，形成树状结构。在风险识别中，工作分解结构通常与风险分解结构一起使用。风险分解结构（Risk Breakdown Structure，RBS）是将引发工程项目风险的因素进行系统分析，按照某种类别分解形成基本风险因素，从而构成一定的风险因素层次结构。通过 RBS 和 WBS 的叠加运用，从而识别出具体风险因素。

I 故障树分析法

故障树分析法（Fault Tree Analysis，FTA）是美国贝尔电话实验室的维森于 1962 年提出的，这是一种演绎的逻辑分析方法，遵循从结果找原因的原则，以故障树为基础分析项目风险及其产生原因之间的因果关系。故障树是以顶事件（top event）为根，中间事件（mid event）为节点，基本事件（basic event）为枝叶，用“逻辑门”将各事件联系建立起的一个倒立的多叉树。故障树分析法首先把项目面临的主要风险分解成为许多小的风险，然后逐层地分析产生风险的原因。最近，故障树分析法与其他数学理论结合起来取得长足发展，与模糊数学结合形成模糊故障树分析方法[36]，与随机过程结合形成动态故障树分析方法[37]。

1.2.2.2 项目风险分析技术与方法评价

本书对现有风险分析方法进行了归纳总结，根据各个方法所需资源的程度、进行风险评估的不确定性的性质、程度、能够分析问题的复杂性程度以及是否可以提供一个定量结果等特征，对每个方法进行了评价，将其评定为高、中、低三个等级，见表1.1。

表1.1 风险评估工具的特征

风险分析方法及技术的类型示例	说明	影响因素的关联性			能否提供定量结果
		资源与能力	不确定性因素的性质与程度	复杂性	
安全检查表	一种简单的风险识别表格；可提供分析一系列需要考虑的典型不确定性因素的技术；用户参照列出的清单、规定或标准	低级	低级	低级	否
头脑风暴法	一种收集各种观点及评价并将其在团队内进行评级的方法。头脑风暴法可以收到提示或一对一以及一对多的面谈技术的刺激	低级	低级	低级	否
德尔菲技术	一种综合多种专家观点的方法，这些观点有利于支持来源及效果识别、可能性与效果估测以及风险评估。它是形成一致性看法的协作技术。需要独立分析和专家投票	中级	中级	中级	否
情景分析	从当前的和所考虑的不同风险的想象或解释确定可能的未来情景，假定每种情景都可能发生。可以通过正式或非正式的、定性或定量手段进行情景分析	中级	高级	中级	否

续表 1.1

风险分析方法及技术的类型示例	说明	影响因素的关联性			能否提供定量结果
		资源与能力	不确定性因素的性质与程度	复杂性	
故障树分析	开始于不良事件（重大事件）并确定该事件发生的各种方式的技术。这些以逻辑树形图的形式进行展示。一旦建立了故障树，就应考虑削弱或消除潜在原因/来源的方式	高级	高级	中级	是
事件树分析	运用归纳推理方法将不同初始事件的可能性转化成可能的结果	中级	中级	中级	是
蒙特卡罗分析	蒙特卡罗模拟用于确定系统内的综合变化，该变化产生于多个输入数据的变化，其中每个输入数据都有确定的分布，而且输入数据与输出结果有着明确的关系。该分析能用于那些不同输入数据相互作用的模型。输入数据可以基于各种分布类型，常用的是三角或贝塔分布	高级	低级	高级	是

1.2.3 工程项目风险管理理论述评

1.2.3.1 工程项目风险管理理论综述

A 工程项目全面风险管理的研究

近年来，一些学者开始探索把全面风险管理理论应用于工程项目领域，对工程项目风险进行系统地、动态地分析、管理和控制，以降低项目风险带来的影响。全面风险管理是全员对项目的全过程进行风险管理，需要各层次的项目管理者都建立风险意识，并且在项目各阶段都进行风险管理，形成一个闭环的管理过程。工程项目全面风险管理认为：

（1）全面风险管理把项目风险管理视为连续的过程；

（2）全面风险管理是项目全过程的风险管理；

（3）全面风险管理是项目全方位的风险管理；

(4) 全面风险管理是项目全要素的风险管理。王宏伟、孙建峰、吴海欣等把全面风险管理理念引入大型工程项目，提出一个包含风险管理环境体系、风险管理目标及制度体系、风险管理流程体系、风险管理方法体系的大型工程项目全面风险管理体系[38]。

B 工程项目全寿命周期风险管理的研究

2001 年 Ali Jaafari 提出了全寿命周期风险管理[39]。项目全寿命周期风险管理把风险管理贯穿于整个项目的生命周期阶段，在整个项目生命周期中进行风险识别、风险评估、风险应对、风险监控，并把整个风险管理作为一个持续改进的管理过程（见图 1.3）。

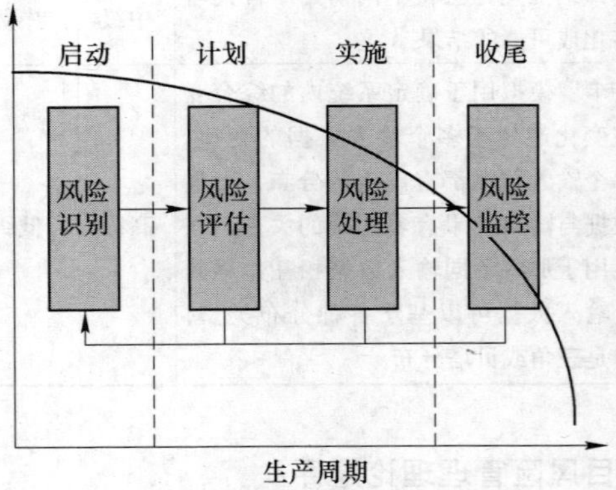

图 1.3 工程项目全寿命周期风险管理

美国 Eastern Michigan 大学的 V. M. R Tummala 教授等人提出的 RMP 方法，指出项目风险管理应按照项目全寿命周期分阶段进行[14,40]。该方法集成了风险管理五个核心要素（风险识别、风险衡量、风险估计、风险评估及风险监控）。张亚莉等在综合目前项目风险管理各种成熟理论方法的基础上，提出了一个由相互联系的 5 个部分组成的项目全寿命周期风险管理系统模型[41]。张玮炜、尹志军、陈立文从工程项目的全生命周期入手，从分析方法的性质对常用的风险分析方法进行比较研究[42]。欧阳建涛从风险管理的内容和工程项目不同的阶段提出了工程项目全寿命周期风险管理，指出了风险管理的内容是由目标、任务、组织三个方面组成，分析了工程项目不同阶段风险管理的重点[43]。陈桂香等把项目全寿命周期风险管理应用于地铁项目，提出了地铁项目全寿命周期风险集成化管理模式，并给出了在全生命周期各个阶段的风险管理要点[44]。

C 工程项目风险集成管理（integrated risk management，IRM）的研究

随着风险管理思想、方法的不断发展，工程项目集成风险管理已成为风险管理的主要发展方向。工程项目集成风险管理是利用系统思维的方法，将风险管理的各个要素进行优化配置，从工程项目的整体角度进行集成风险管理的理论方法。它综合了全面风险管理理论和全寿命周期风险管理理论的思想，对项目每个阶段的风险实行全过程的管理和控制，以实现风险管理的目标[45,46]。工程项目集成风险管理理论的研究可以分为基于风险管理过程的集成、基于风险分析技术的集成、基于目标的风险管理集成和工程项目集成风险管理的模式研究几个方面，每个方面的研究成果总结见表 1.2。

表 1.2 工程项目风险集成管理汇总表

类别	研究者	研究内容
基于风险管理过程的集成	Alfredo Delcano 等人[13]	从业主和业主顾问的角度，提出了一个适用于建设项目的集成项目风险管理通用过程
	F. D. Patterson[47]、T. M. Williams[23]	建立一种结构化的风险集成方法，实现工程项目的风险管理过程集成
	S. Nicos[46]	提供了一种统一报告体系，用于集成风险测度结果和相关信息
	Kakoli Bandyopadhyay 等[48]	提出了一个 IT 项目集成框架，包括风险识别、风险分析、风险降低程度和风险监控
基于风险分析技术的集成	C. B. Chapman[49]	首次提出了将各种风险分析技术进行集成的风险工程思想
	Damien Schatteman 等[50]	提出了一种用于计算机支持的风险管理系统，该系统集成了风险识别、风险分析、风险量化方法
	H. M. Leung 等人[51]	提出了一种基于工作分解结构的集成化风险识别专家系统，并用于高压送电线路的风险识别

续表 1.2

类别	研究者	研究内容
基于目标的风险管理集成	Babu[52]、Do Ba Khang[53]等	建立了工期、费用和质量三个目标的线性规划模型，对多目标集成问题进行了定量分析
	熊鹰、匡亚萍[54]	利用进化算法——蚁群算法，对工期成本问题（TCTP）进行求解
	李义华等[55]	用多属性效用函数以及效用分解定理，建立了基于资源约束条件下的工期、质量、成本的综合均衡优化与控制模型
工程项目集成风险管理的模式研究	姜继娇、杨乃定等[56~58]	建立了一种具有战略集成性、组织集成性、方法集成性、信息集成性、文化集成性和过程集成性的新型企业集成风险管理模式
	向鹏成等[59]	建立了工程项目风险管理的目标、文化、组织、方法、信息系统等的有机结合的风险管理集成系统模式
	金德民[60]	将风险因素的识别、量化、估计、评价和控制技术及模型进行集成，建立了风险管理的决策支持系统

近年来，许多学者把工程项目全寿命周期风险管理与集成风险管理结合起来，张传栋等人在研究建设项目生命周期的基础上，提出了基于全寿命周期的建设项目集成风险管理模型[61]。

1.2.3.2 工程项目风险管理理论评价

随着人们对工程项目风险认识水平的不断提高，工程项目风险管理理论不断丰富和发展，人们立足于不同的角度对工程项目进行了深入研究，主要目的都是尽量提高工程项目风险管理的效果和效率，这些理论方法对于帮助管理者整体把握风险的系统性，明确各种风险分析方法的使用阶段和适用范围，提高组织风险管理的水平，具有重要的作用意义。但是在工程实践中，这些理论很少得到应用，特别是定量分析方法应用很有限，主要因为：

（1）大量数据是定量风险分析的基础，但在工程实践中往往缺少大量的风险数据支持或获取这些数据具有一定的难度；

（2）定量风险分析方法不仅需要很高的计算技术，并且对使用人员的要求也较高。随着现代计算机技术的发展，风险数据的不断积累，风险管理的理论和方法也会不断发展，越来越广泛地应用于工程项目。

1.2.4 矿建工程项目风险管理研究

矿建工程项目作业环境艰苦，风险因素多，施工技术要求高，施工风险性大等特点决定了矿建工程项目风险管理工作的复杂性和艰巨性，人们利用现有风险管理理论方法，结合煤矿建设项目的实际情况进行了相关研究。国汉君[62]结合神华集团安全管理建设实践，系统研究了煤矿风险辨识、分析方法，对煤矿安全风险控制及预警、评估及改进等进行了系统的阐述。李新春，宋学锋[63]通过分析煤矿安全风险危险源，建立了一个煤矿安全管理评价系统。马谦杰[64]通过对矿井风险进行分析，提出了矿井风险集、矿井险度和安全度新型综合评价指标，将其应用于矿井安全风险度量。张安元[65]通过资料分析和现场调研，识别了煤矿井下风险源，建立了一个煤矿井下重大危险源危害性评价模型，实现量化危险源危害性评价，从而实现了重大危险源的分级预控。林柏泉等[66]研究了煤矿生产安全风险管理保障机制，从技术保障、组织保障、文化教育保障等方面全方位地研究煤矿生产安全风险管理模型，为煤矿生产安全风险管理提供一套系统的理论体系和思路。孙斌[67]通过分析煤矿安全风险，提出一套适用于煤矿安全管理组织风险评估的指标体系，运用模糊风险评估方法对安全管理组织危险源进行综合评价。

从现有研究成果可以看出，目前对煤矿风险的研究多侧重于煤矿运营期的安全风险，对煤矿建设期的矿建工程项目风险的系统研究很少。

总之，从目前研究现状看，项目风险管理理论逐步引起了工程项目管理工作者和学者的重视，专家和学者已经从多个角度对工程项目风险进行了深入研究，但是目前对矿建工程项目风险的研究还很少，与我国煤矿工业的飞速发展有着较大差距，已经不能满足当前我国煤矿建设发展的要求。随着我国煤炭开采深度的增加，矿井建设面临的风险因素明显增多，出现地质条件恶化、地应力增大、涌水量加大、地温升高、作业环境恶化、井筒施工难度加大、巷道支护困难、通风降温困难和生产成本急剧增加等一系列问题。这些决定了矿井建设的难度逐渐加大，特别是矿建工程项目的难度加大，矿建工程项目风险管理已经成为决定矿井建设项目目标能否顺利实现的关键。因此，针对煤矿建设的特点，开展矿建工程项目风险管理的理论和方法研究具有重要的理论和实践意义。

1.3 研究方法与技术路线

1.3.1 拟采取的研究方法

本书主要运用了以下研究方法：

（1）定性与定量相结合的研究方法。不仅采用定性方法揭示工程项目风险管理的收益及其动因，还建立博弈模型对矿建工程项目参与方合作风险管理进行定量分析；在总结文献相关成果的基础上，设计调查问卷，并运用因子分析模型定量识别矿建工程项目的关键风险因素，建立矿建工程项目风险评估的未确知测度模型对风险进行评价，在此基础上提出矿建工程项目风险的应对策略、监控管理方法以及保障机制。

（2）问卷调查与实证分析方法。在相关文献检索与实地调查的基础上编制调查问卷，综合运用因子分析、回归分析等分析工具进行实证分析，定量识别矿建工程项目的关键风险因素。

（3）综合运用多学科相关理论和方法。矿建工程项目的风险管理是一项极为复杂的系统工程，涉及的相关理论范围较广。因此，本书在研究中将综合运用系统科学、经济学、管理学、应用统计学等领域的博弈理论、风险管理理论、因子分析模型、未确证测度理论等相关理论和方法。

1.3.2 研究的技术路线

本书主要采用规范研究的方法，辅之以实证分析，综合运用系统科学、经济学、管理学、应用统计学等领域的博弈理论、风险管理理论、因子分析模型、未确证测度理论等相关理论和方法进行交叉研究。首先，运用经济学相关理论方法，对矿建工程项目风险管理进行经济分析；其次，在相关文献成果总结和实地调查的基础上，设计调查问卷，并运用因子分析模型定量识别矿建工程项目的关键风险因素；再次，运用未确知测度模型建立矿建工程项目风险评估模型，并运用此模型对龙固矿建工程项目的风险进行评价；最后，研究了矿建工程项目风险的应对、监控以及保障机制。其技术路线见图1.4。

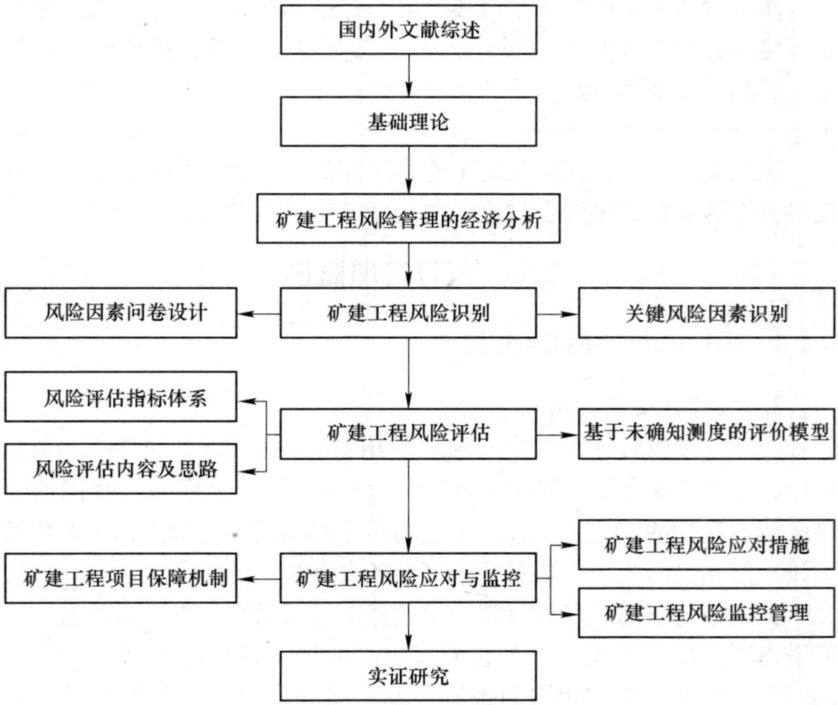

图1.4 技术路线图

2　项目风险管理基础理论

本章对项目风险管理中的各种概念、基础理论进行了概述，分析了矿建工程项目风险的来源、特点以及矿建工程项目风险管理的概念、特征，为全书以后章节的研究奠定范围和基础。

风险无处不在，风险无时不有，风险的普遍存在严重影响了工程项目目标的实现，风险管理已经成为影响项目成败的关键因素。

2.1　项目管理概述

2.1.1　项目概念、特征及分类

2.1.1.1　项目的涵义

要研究项目管理，首先必须理解项目这个概念。“项目”（project），在两千多年之前就已经存在，著名的埃及金字塔，我国的万里长城，现代的如三峡工程、奥运场馆等都是国际上众人称颂的典型项目。但到目前为止，项目这个概念还没有统一的定义。

世界银行根据其发放贷款的用途把项目解释为：“所谓项目，一般系指同一性质的投资（如设有发电厂和输电线路的水坝）或同一部门内一系列有关或相同的投资，或不同部门内的一系列投资（如城市项目中市区内的住房、交通等）[68]。”

ISO 9000 的支持性文件 ISO 10006 定义项目为：“具有独特的过程，有开始和结束日期，由一系列相互协调和受控的活动组成。过程的实施是为了达到规定的目标，包括满足时间、费用和资源等约束条件。”[69]。

美国项目管理协会（Project Management Institute）认为项目是为了完成某一特点产品或服务所做的一次性工作[71]。

Gido Jack 认为：项目就是以一套独特而又相互联系的任务为前提，有效利用资源，为实现一个特定的目标所做的努力[70]。

Turner 把项目定义为：人（或者机器）、原材料和资金以全新的方式组织起来，在有限的资金和时间的条件下，完成一个独特的、有特定规则的工作，来达到质和量上的目标[72,73]。

中国项目管理知识体系纲要把项目定义为：项目是创造独特产品、服务或其他一次性工作任务。归纳了工程项目的共性，如：

（1）由个人或组织机构来完成；

（2）受资源的限制；

（3）遵循一定的工作程序；

（4）管理过程中要进行计划、执行和控制等[74]。

可以看到，对于项目的定义，不同的机构、不同的专业从自己的认识出发，对项目给出了不同的定义。但无论采用哪个定义，其实质是相同的：项目是在有限的资源条件下，在一定的时间、进度和预算范围内，完成某些特定功能要求的、独立的、一次性的任务。

2.1.1.2 项目的特征

从上面不同的项目定义中，可以看出项目具有如下特征[75,76]：

（1）独特性。项目的独特性是指与一般的工业产品生产方式不同，项目具有独特的活动过程，整体上不具有重复性。每个项目都有其区别于其他任务的特殊要求，或者名称相同但内容不同，或是内容基本相同具体要求不同。即使同类产品或服务会有许多相似的工程项目，但由于工程项目建设的时间、地点、条件等会有若干差别，都涉及某些以前没有做过的事情，没有两个项目会是完全相同的。

（2）一次性。一次性是指项目是有一个明确结束点的一次性任务，即从项目整体而言，任务完成，项目即告结束，没有重复。由于结束点一般以项目目标实现的时间来体现，故而也可称为短期性的。项目的一次性特征是区别于正常生产活动的重复性作业的基本特征。

（3）整体性。项目是为实现目标而开展任务的集合，它不是一项项孤立的活动，而是一系列活动组合形成的一个有机整体，在按其需要配置生产要素时，必须追求高效益，做到数量、质量和结构的总体优化。

(4) 多目标性。项目的总任务是单一的，而项目的具体目标往往不是单一的，而是一个目标体系，如功能、时间、成本等。项目的多个目标之间既可能是协调的、相辅相成的；也可能是冲突、相互制约的。实行全寿命管理以后，则力图把各种目标协调起来，实现优化。

(5) 寿命周期性。任何项目都有其寿命周期，有起点和终点，有明显的开始、结束标志。不同项目的寿命周期阶段划分不尽一致，我国建设项目一般可分为可行性研究、设计、施工、交工四个阶段。

(6) 资源约束性。项目都是在一定的约束条件下实施的，任何项目的建设和运行都要耗费社会的有限资源，项目不仅受到内部资源的约束，还要受到外部资源的影响。

2.1.1.3 项目的分类

项目是多种多样的，有建设项目、科技项目、社会项目等。现有的项目分类方法有两种[78]：

(1) 综合性分类：

1) 按项目的产业门类，可分为工业项目、农业项目、商业项目、服务项目等；

2) 按项目的服务对象，可分为科研项目、生产项目、生活项目、服务项目等；

3) 按项目的规模，可分为大型项目、中型项目、小型项目（甚至一个人就能完成）；

4) 按项目的期限，可分为长远项目、短平快项目、紧急项目、一般项目；

5) 按项目的参与，可分为单一型项目、合作型项目；

6) 按项目的区域性，可分为地区项目、跨地区项目、国际项目；

7) 按项目的资金筹措，可分为国家项目、地方项目；独资项目、合资项目。

(2) 按投资特点分类：

1) 按投资管理，可分为基本建设项目、技术改造项目；

2) 按投资用途，可分为生产性项目、非生产性项目；

3）按投资性质，可分为新建项目、扩建项目、改建项目；

4）按投资阶段，可分为预备项目、筹建项目、施工项目、收尾项目、投产项目；

5）按资金来源，可分为国家预算拨款项目、银行贷款项目、自筹资金项目、外资项目。

工程建设项目是本书的研究重点。

2.1.2 工程项目管理的概念及特点

2.1.2.1 工程项目管理的涵义

工程项目管理的涵义与项目管理的涵义有许多共同之处。为此，需要首先明确项目管理的涵义。很多学者从不同角度给项目管理下过精辟的定义，其中具有代表性的如下：

美国项目管理学会（PMI）编著的《项目管理知识体系指南》（PMBOK）中指出，项目管理是通过应用和综合诸如启动（起始）、规划、实施、监控和收尾等项目管理过程而开展的。为此，他们还提出了一整套的现代项目管理知识体系，分别涉及集成管理、范围管理、时间管理、成本管理、质量管理、人力资源管理、沟通管理、风险管理和采购管理九个部分[71]。

Morris 将项目管理描述为：在一个项目经历它的整个生命周期的过程中，把每一个需要做的事情综合起来，完成项目的过程[77,78]。

中国项目管理知识体系中把项目管理定义为：项目管理是一种基于系统思想与权变理念、面向对象（object oriented）的组织管理方法论[74]。

王卓甫、简迎辉在《工程项目管理模式及其创新》一书中指出：工程项目管理是指在工程项目生命周期内，在有限资源的条件下，项目管理者运用系统理论和方法，对项目涉及的全部工作进行有效的规划、决策、组织、协调、控制等管理活动，从而使工程项目在既定的资源和环境条件下，实现项目的特定目标[79]。

邱菀华在《项目管理学——工程管理理论、方法与实践》一书中的定义为：项目管理就是运用科学的理论和方法，对项目进行计划、组织、指挥、控制和协调，实现项目立项时确定的目标[76]。

可以看出，工程项目管理是一种针对工程项目的管理方法体系，是为实现工程项目既定目标所开展的项目计划、组织、领导、协调和控制等管理活动[80]，工程项目管理的对象是具有一次性特征工程项目，是针对工程项目的管理活动，目的是实现项目的特定目标。

2.1.2.2 工程项目管理的特点

工程项目管理是项目管理的一个分支，其管理的对象是工程项目。工程项目管理的特点是与工程项目的特点相联系的。

（1）复杂性。工程项目管理是一项复杂的工作。工程项目一般由多个部分组成，工作跨越多个组织，涉及多个学科；通常没有或很少有供参考的经验，执行中有许多未知因素，每个因素又常常带有不确定性；项目组织是临时机构，需要将不同经历、不同组织、不同特长的人有机地组织在一个临时的组织中，在有限的资源、较低的成本、严格的工期约束条件下，实现项目目标。这些方面决定了项目管理比企业生产管理复杂。

（2）创造性。由于项目具有一次性的特点，多带有创新和创业的性质。工程项目的创新依赖于科学技术的支持，创新总是伴随着风险，会有较高的失败率。这就要求在工程项目的实施过程中必须依靠和综合多学科的成果，通过对前人经验的继承和积累，综合多种学科的成熟知识和最新研究成果，将多种技术结合起来，创造性地完成项目的预期目标。

（3）专业性。项目管理需要专业知识，现代项目管理已成为一种专业。在专业性的项目管理中，工程项目负责人在项目管理中扮演重要角色，是项目管理组织中的灵魂，是决定项目成功与否的关键人物。这主要在于：他需独立地进行计划、资源配置、协调和控制；他必须能综合各种不同专业的观点来考虑问题；他还必须通过对人的管理，发挥参与项目人员的积极性和创造性，形成一个工作配合默契、具有积极性和责任心的高效率群体。他受委托在时间有限、资金有限的情况下完成项目目标，有权独立计划、调配资源、协调和控制，同时必须使他的组织成员成为一支真正的队伍，一个工作配合默契、具有积极性和责任心的高效群体[28]。

2.1.2.3 工程项目管理与企业管理的区别

工程项目管理是指在项目活动中运用知识、技能、工具和技术以便达到项目要求的过程，工程项目管理的对象是具有一次性特征的项目。因此，工程项目管理与企业管理有着明显的区别，见表2.1[80]。

表2.1 工程项目管理与企业管理的区别

项 目	企 业 管 理	工程项目管理
管理对象	持续稳定的经济实体	具体的一次性的工程项目
管理目标	以持续稳定的利润为目标，是长远的、稳定的	以工程项目的目标为目标，是临时的、短期的
管理规律性	以现代企业制度和企业经济活动内在规律为基础	以工程项目的发展周期和内在规律为基础
管理内容	多是重复性的程序性管理	围绕一次性的任务的管理，具有开拓创新性
实施的主体	具有多个主体，如业主、承包商、监理单位等	企业自身

2.1.3 工程项目管理发展现状

2.1.3.1 国际工程项目管理发展现状

项目管理通常被认为是第二次世界大战的产物（如美国研制原子弹的曼哈顿计划），战争需要新式武器、探测需要雷达设备等，这些从未做过的项目接踵而至，不但技术复杂，而且参与的人员众多，时间还非常紧迫，因此，人们开始关注如何有效地实行项目管理来实现既定的目标，“项目管理”一词就是从那时才开始被认识的。

近代项目管理学科起源于20世纪50年代，在美国出现了CPM和PERT技术。1957年，美国的路易斯维化工厂，由于生产过程的要求，必须昼夜连续运行。因此，每年都不得不安排一定的时间，停下生产线进行全面检修。过去的检修时间一般为125小时，后来他们把检修流程精细分解，竟然发现，在整个检修过程中所经过的不同路线上的总时间是不一样的。缩短最长路线上工序的工期，就能够缩短整个检修的时间。他们经过反复优化，最后只用了78个小时就完成了检修，节省时间达到38%，当年产生效益达100多万美元。这就是至今项目管理工作者还在应用的著名的时间管理技术——关键路径法，简称CPM。

就在这一方法发明一年后，美国海军开始研制北极星导弹。这是一个军用项目，技术新、项目巨大，管理这样一个项目的难度是可想而知。而当时的项目组织者想出了一个方法，为每个任务估计一个悲观的、一个乐观的和一个最可能的情况下的工期，在关键路径法技术的基础上，用“三值加权”方法进行计划编排，这就是“计划评审技术”（program evaluation and review technique，简称PERT）。PERT技术使原先估计的、研制北极星导弹的时间缩短了两年，只用了4年的时间就完成了预定6年完成的项目，节省时间也达到了33%以上。

60年代，项目管理的应用范围也还只局限于建筑、国防和航天等少数领域，如美国的阿波罗登月项目。因在阿波罗登月计划中取得巨大成功，由此风靡全球。CPM和PERT技术的显著成果说明“项目管理”对于项目的快速完成还存在着可观的空间。这个发现吸引了不少从事项目管理的人们走到一起来共同探求其中的奥秘。1965年，以欧洲国家为主的一些国家成立了一个组织——“国际项目管理协会”（International Project Management Association，简称IPMA）。4年以后，美国也成立了一个相同性质的组织，取名为“项目管理协会”（Project Management Institute，简称PMI），它也是一个国际性的组织。由于这两个国际性项目管理组织的出现大大地推动了项目管理的发展。

PMI 1976年提出了制定项目管理标准的设想。在1987年，PMI公布了第一个项目管理知识体系（Project Management Body of Knowledge，简称PMBOK）。这是项目管理领域又一个里程碑。这个知识体系把项目管理划分为范围管理、时间管理、费用管理、质量管理、人力资源管理、沟通管理、风险管理、采购管理和整体管理九大知识领域。PMI又分别在1996年、2000年和2004年对其进行了修订，使该体系更加成熟和完整[81]。

IPMA在项目管理知识体系研究方面也做了卓有成效的工作，从1987年开始着手进行“项目管理人员能力基准”的开发，并于1997

年推出了国际项目管理专业资质标准（IPMA Competence Baseline，简称 ICB）。在这个能力基准中 IPMA 把个人能力划分为 42 个要素，并把这 42 个要素区分为 28 个核心要素和 14 个附加要素，另外还有关于个人素质的 8 大特征及总体印象的 10 个方面[76,82]。

之后项目管理理论蓬勃发展，一些项目管理理论与方法的学术性著作开始出版。项目管理专家们把 20 世纪 80 年代以前称为“传统的项目管理”阶段，把 80 年代以后称为“新的项目管理”阶段。

2.1.3.2 我国工程项目管理发展现状

20 世纪 80 年代初，工程项目管理理论首先从德国和日本分别引进到我国工程建设领域，之后其他发达国家，特别是美国和世界银行的项目管理理论和实践随着文化交流和项目建设，陆续传入我国。1984 年，鲁布革水电站工程是我国改革开放后第一次利用世界银行贷款、对外公开招标的国家重点工程。这个项目的引水隧洞工程施工及主要设备由日本大成公司中标，日本大成公司组成 30 人项目管理班子，施工人员是我国的水电十四局。该工程运用项目管理缩短了建设工期，降低了工程造价，工程质量优良，取得了明显的经济和社会效益。“鲁布革模式”的项目管理经验迅速在全国许多大中型建设工程中推广。在举世瞩目的“三峡工程”中，运用项目管理理论和方法，使工程建设取得了全面成功。项目管理已成为现代社会经济发展的重要构成要素[83]。

在不断地学习和实践过程中，我国逐渐发展和完善适合我国国情的工程项目管理理论，在基本建设领域颁布了一系列法规，如 1984 年开始推广以工程建设项目为对象的招标承包制，1988 年开始在工程建设领域实行工程监理制试点，1996 年原国家计委制定《关于实行建设项目法人责任制的暂行规定》，推动了项目管理在我国的实践，确立了由业主、承建商和工程监理组成的三位一体的建设项目组织格局。2002 年，中国项目管理协会在北京举办了首届项目管理国际会议，出版了《中国项目管理知识体系纲要》，在项目管理知识构架体系上对我国的项目管理做了全面的阐述。上述法规政策逐步完善了适合我国国情的项目管理体系。

2.2 风险及风险管理的基础理论

2.2.1 风险的基本概念、来源及度量

2.2.1.1 风险的基本概念

风险无处不在，风险无时不有，这句话正说明在现代社会中，风险已经成为普遍存在的现象，个体和组织无时无刻不面临风险。但是风险是一个具有极其深刻而又富有广泛意义的概念，至今学术界也没有形成统一的认识。国内外很多学者从不同的研究角度对风险进行了研究，给出了不同的风险定义。具有代表性的定义有以下几种：

（1）不确定性。A. H. Mowbray 认为“风险是一种不确定性”，这成为风险的基本含义，也是决策理论学家常用的风险定义[84]。美国项目管理协会（PMI）定义风险为“项目实施过程中不确定事件的机会对项目目标产生的累积不利影响结果”。我国学者严武认为“风险是指实际结果与预期结果相背离从而产生损失的一种不确定性”[85]。

（2）损失的不确定性。J. S. Rosenbloom 将风险定义为“损失的不确定”[86]。F. G. Crance 则认为“风险是未来损失的不确定”[87]。宋明哲认为风险是“从主观观点强调风险是一种不确定性和损失，其结果有损失一面和盈利一面”[88]。总之，不确定性构成了风险最基本的内涵。

（3）实际结果与预期的偏离。这是统计学说中的一般风险定义，一般用实际结果与预期的离差表示。Arther Williams 等认为“风险就是给定情况下的可能结果的差异性”[89]。韦氏词典对风险的定义也基本相同，“围绕着一项投资所预期回报与可能回报之间的上下浮动”，“给定情况下可能结果的差异性”[90]。管理学家赫伯特·西蒙则把风险定义为“在特定的客观条件下，特定期间内某一结果发生的可能差异程度”[91]。

（4）损失的程度和可能性。一些学者认为风险是一种面临损失的可能状态。卢有杰等认为风险“是活动或事件消极的、人们不希望的后果潜在发生的可能性”[92]。张青晖等认为“风险是一个系统

造成失败的可能性和由这种失败而导致的损失或后果”[93]。朱淑珍在其论述中则把风险定义为“由于各种结果发生的不确定性而导致行为主体遭受损失的大小以及这种损失发生可能性的大小”[94]。

2.2.1.2 风险的来源

风险来源于各种因素的不确定性，全面认识风险需要从多角度、多方面进行分析，形成对风险系统的、全面的、全方位的认识。风险常常涉及组织的外部环境、内部管理以及项目目标等。风险的来源可以用图 2.1 来表示。

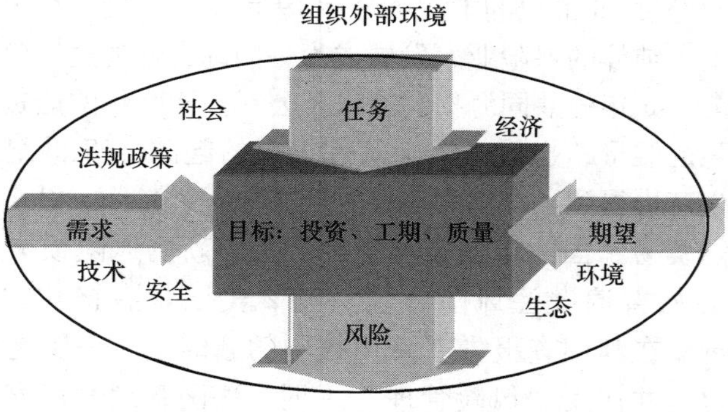

图 2.1 风险的来源

2.2.1.3 风险的度量

美国 PMI 认为：风险的大小可用风险事件发生的可能性大小和风险后果的严重性来度量。这样风险被描述为风险事件发生概率及其后果的函数。一般表达方式如下：

$$R = f(p, c) \tag{2.1}$$

式中，R 表示风险（风险事件）；p 表示风险事件发生的可能性；c 表示风险事件发生后可能引起的后果。一般地，风险事件发生的可能性，用发生概率表示；风险后果的严重性用潜在损失来表示[95~99]，则公式（2.1）可以表示为：

$$R = p \times L \tag{2.2}$$

式中，p 表示风险发生的概率；L 表示风险的潜在损失。根据计算出的 R 的大小对风险因素进行排序，这成为风险管理中最常用的风险量化方法。

Williams T. M. 对这种风险度描述提出了质疑，认为该方法掩盖了一些重要的风险信息[100]。许多学者从多个维度进行风险度量的研究[101~103]，但式（2.2）仍是现在主要的风险管理量化方法。

2.2.2 风险管理的起源与发展

风险管理是社会生产力、科学技术水平发展到一定阶段的必然产物，是人类文明演变过程中必定会出现的一环。现代工业的迅猛发展则是风险管理迅速发展的助推剂。一般认为：风险管理理论的萌芽来自保险业。经过 18 世纪的工业革命和 19 世纪的发展，今天的风险管理已经超出了纯粹的保险业，发展成为一门综合性的边缘学科。

公元前 916 年的共同海损制度以及公元前 400 年的船货押贷制度为保险思想的雏形，也成为风险管理思想的起源。18 世纪的工业革命，社会生产力得到了空前发展，生产规模不断扩大，社会财富不断涌现，国际贸易和国际市场空间空前扩大，新的风险损失也不断增加，人们开始普遍关注风险管理。1952 美国学者格拉尔（Russen B. Gallagher）在其调查报告《费用控制的新时期——风险管理》一文中首次提出并使用“风险管理”一词。法国管理学家亨端·法约尔（Henri Fayol）正式把风险管理思想引进企业经营领域。但在接下来的一段时间内并没有形成完整的风险管理体系和制度。1963 年，美国首先刊载了《企业的风险管理》一文，引起欧美各国的普遍重视，使美国成为公认的风险管理发源地。此后，对风险管理的研究逐步趋向系统化、专门化，使风险管理发展成为一门综合性的边缘学科，应用领域逐渐渗透到企业经济生活的各个领域，风险管理进入了蓬勃发展的时期。同时，风险管理教育的普及，也推动了风险管理的迅速发展。自 20 世纪 60 年代后期起，风险管理的概念、原理和实践已从它的起源地美国传播到加拿大和欧洲、亚洲、拉丁美洲的一些国家和地区。进入 80 年代，一些发展中国家和地区（印度、尼日利亚，我国的台湾及东南亚地区）也开始实施风险管理教育。在亚洲地区，风险管理工作开展较早的是日本。

风险管理的发展历史可以分为传统风险管理阶段、现代风险管理阶段、全面风险管理阶段[104~106]：

（1）传统风险管理。在 20 世纪 50 年代早期和中期，美国大公司发生了一系列重大损失，使高层决策者认识到风险管理的重要性，其中 1953 年，通用汽车公司的在密歇根州的一个汽车变速箱厂因火灾损失了 5000 万美元，震惊了美国企业界和学术界，这场火灾成了风险管理科学发展的契机。1962 年，AMA 出版了第一本关于风险管理的专著《风险管理之崛起》，推动了风险管理的发展。1963 年，美国出版的《保险手册》刊载了"企业的风险管理"一文，引起欧美各国的普遍重视。此后，风险管理逐渐成为企业管理领域的一门独立学科。1973 年，日内瓦协会的成立将风险管理思想带入了欧洲。20 世纪 80 年代，风险管理进入了亚洲和非洲，迅速在全球流行。1980 年，美国风险分析协会（the Society for Risk Analysis，SRA）成立。1983 年 5 月在美国风险与保险管理学会的年会上，世界各地的专家学者通过了针对危害性风险的"101 条风险管理准则"，其中包括：风险管理的一般原则、风险评估、风险控制、风险财务处理、索赔管理、职工福利、退休年金、国际风险管理等。1986 年，欧洲 11 个国家共同成立了欧洲风险研究会；同年 10 月，在新加坡召开的风险管理国际学术讨论会表明，风险管理运动已经走向世界，成为全球性运动。

在传统风险管理阶段，风险管理的内容主要是针对信用风险和财务风险，取得了许多理论成果。如：马克维茨的"组合选择"理论；夏普（Sharp）的资本资产定价模型（CAPM）；罗斯（Ross）的套利定价理论和 Black & Scholes 的期权定价理论。这些理论成果大大提高了风险管理的水平和策略。

（2）现代风险管理。20 世纪 80 年代末、90 年代初，随着社会环境的变化，企业面临的风险更加多样化和复杂化。这一时期发生了众多的金融事件，促使人们开始反思传统的风险管理的局限性，探索新的风险管理方法。

1991 年，Miller 提出了整体风险管理（Total Risk Management，TRM），开始探索对风险的全面控制[107]。

1995 年，由澳大利亚标准委员会和新西兰标准委员会成立的联合技术委员会制订和出版了全球第一个企业风险管理标准——澳大利亚/新西兰风险管理标准（AS/NZS4360），为风险管理实际操作提供了一套实用的风险管理的方法和程序[108]（如图 2.2 所示），满足了综合风险管理的需求。

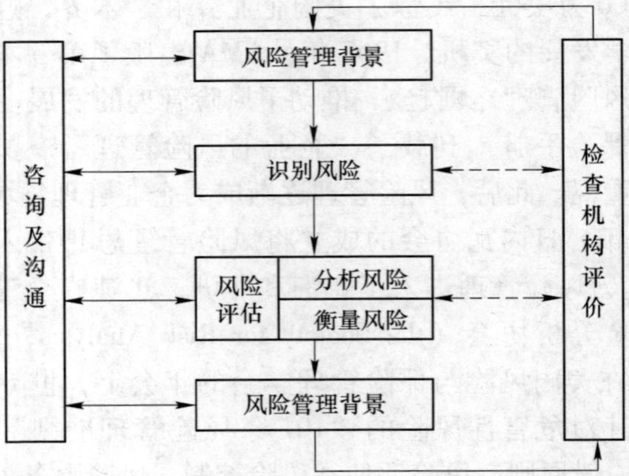

图 2.2 澳洲风险管理标准——风险管理程序

（3）全面风险管理。1999 年，《巴塞尔新资本协议》形成了全面风险管理发展的一个推动力。2004 年，COSO 出台了《企业风险管理——整合框架》，框架中的风险管理概念、内容、框架构成了现代全面风险管理理论的核心。全面风险管理框架有三个维度（图 2.3）[109]：

第一是风险管理目标维度。框架所界定的目标有四类：战略目标、经营目标、报告目标和遵循目标。这种分类可以把重心放在全面风险管理的不同侧面。

第二是风险管理要素维度。全面风险管理包括八个方面的要素，即内部环境、目标设定、风险识别、风险评估、风险对策、控制活动、信息和交流、监控。八个因素相互独立、相互联系又相互制约，共同构成了全面风险管理这一有机体系。

第三企业组织层级维度。企业的各个层级包括组织的高级管理层、各职能部门、各条业务线及下属各子公司，组织里的每个人对全面风险管理都负有责任。

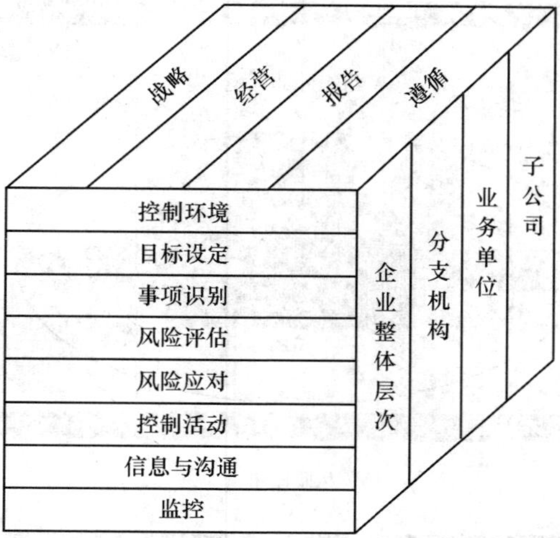

图 2.3 项目风险管理——整合管理

2004 年奥地利制订和出版了《组织与系统风险管理》（标准（ONR49000—490003）），提出了风险管理系统及其要素，如图 2.4 所示，并给出了从风险产生的来源到风险政策、风险管理内容和风险管理手段的整体框架[108]，如图 2.5 所示。

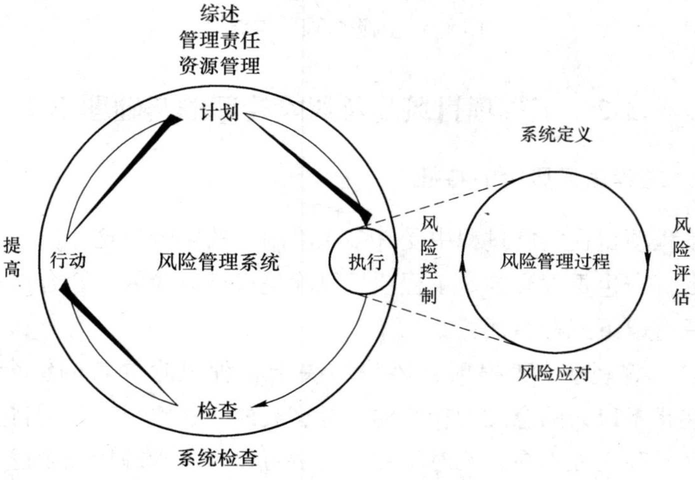

图 2.4 风险管理系统及其要素

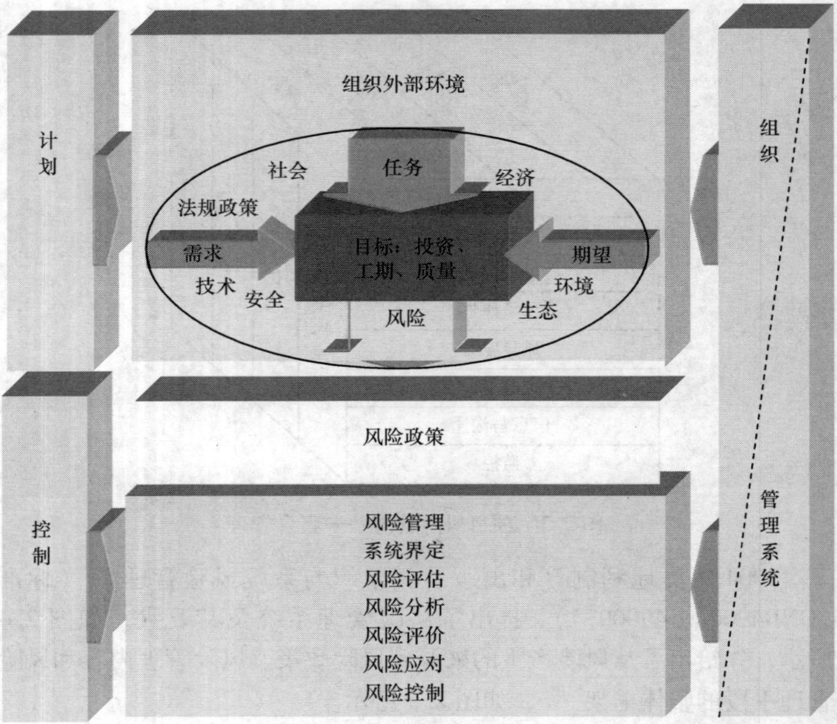

图 2.5 风险管理整体框架

2.3 工程项目风险及风险管理的基础理论

2.3.1 工程项目风险的特征

工程项目在实施过程中受许多风险因素的影响，这些风险因素对项目目标产生重大影响。工程项目风险是多种风险因素综合作用的结果，具有以下三种特征：

（1）客观性。工程项目风险取决于各种风险要素的综合作用，其存在是不以人的意志为转移的，是客观的。在整个工程项目生命周期内，风险无处不在，无时不在。人们可以采取管理措施规避、减轻或降低风险，但不能完全消除风险。

（2）不确定性。工程项目风险的不确定性具有两个方面的含义：一是指风险事件的发生是不确定的，这是因为项目外部环境的变化以及项目本身具有的复杂性，再加上人们对客观世界变化的预测能力的有限性，从而导致人们不可能预先全部发现风险因素，也就不可能预知风险事件的发生。二是指风险事件发生所造成的损失是潜在的，其对项目目标实现的影响是人们不能预知的，是不确定的。

（3）随机性。工程项目风险是由于各种风险因素共同作用的结果，虽然对于某个具体事件来说，其发生是偶然的、不确定的，但是对于大量的事件来说，仍然具有一定的统计规律，具有随机性，表现在：1）工程项目风险事件的产生具有随机性；2）风险造成的损失大小具有随机性。

2.3.2 工程项目风险的构成要素

通常情况下，工程项目风险由风险因素、风险事件和风险后果三项基本要素构成。

（1）在工程项目中，风险因素（也称为风险源）是引起风险事件发生、影响项目目标实现的潜在因素。风险因素是引起风险事件的根源，但风险因素在一个项目中不一定会出现，只有具备了一定的条件，风险因素才有可能引发风险事件。

（2）风险事件是指任何影响项目目标实现的可能发生的事件。风险事件对项目目标可能是正面的影响，也可能是负面的影响。但在工程项目管理实践中，管理者更强调风险事件的负面影响。由于工程项目外部环境的变化性和项目本身的复杂性以及人们预测能力的有限性，风险事件有可能发生，也有可能不发生。

（3）风险后果是风险事件对项目目标的影响程度，对于工程项目来说，风险后果包括质量下降、工期延长、成本增加等。

风险因素、风险事件、风险后果之间的关系可以用图2.6来表示，风险因素引发风险事件，风险事件形成风险后果，造成实际结果与预期结果之间的差异，就形成了风险。有学者用“多米诺骨牌”形象地描述风险因素、风险事件、风险后果之间的关系：风险因素引发风险事件，风险事件导致风险后果。由于风险因素这张“骨牌”

的倾倒，连锁引起了其他“骨牌”相继倾倒。因此，风险管理就是要采取预防措施力求稳定风险因素这张“骨牌”，尽量使风险后果这张“骨牌”不倒，或者是缓慢地倾倒，减少风险造成的损失[100]。

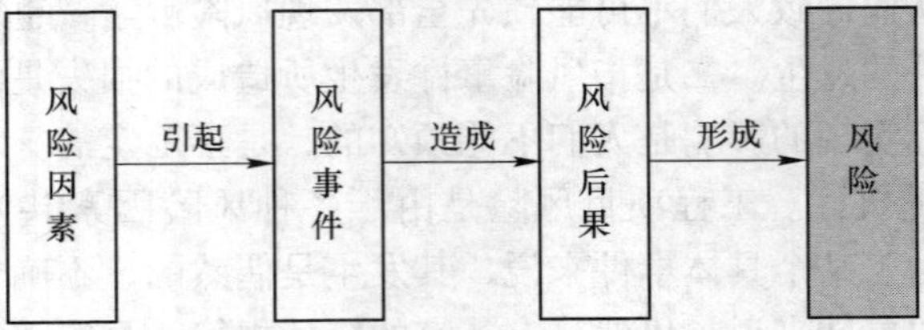

图 2.6 风险三要素关系图

2.3.3 工程项目风险分类

在风险管理中，分类的合理性关系到风险识别的顺利进行。由于研究的领域和工作的内容存在差异，风险分类的方法和内容一般也会不同。众多研究者根据不同的研究角度和分类标准，将风险分为不同的类型。

1987 年 Cooper 和 Chapman 按照风险的特性将风险分为技术风险和非技术风险，提出要有针对性地进行风险识别和评价[110]。

1991 年 Mustafa 与 Al-Bahar 分析了工程项目的核心风险，给出了不可抗力风险（acts of god risks）、自然风险（physical risks）、经济财务风险（financial and economical risks）、政治环境风险（political and environmental risks）、设计风险（design risks）、工作环境风险（job site-related risks）六类风险[111]。

1992 年，美国项目管理协会（PRI）的分类标准是[95]：

（1）按照风险的不确定性分为：已知风险（knowns）、已知未知风险（known-unknowns）、未知未知风险（unknown-unknowns）；

（2）按照风险对项目的影响分为：范围风险（scope risks）、质量风险（quality risks）、计划风险（schedule risks）、费用风险（cost risks）；

（3）按照风险的本质分为：可保险风险（纯粹风险）、商业风险（机会风险）。

在具体到某一项目时，又可以进一步划分为：经济风险、合同风险、政治风险、施工风险、管理风险。

1991 年 Miller 列举了 25 种风险因素，并将其概括为政治风险、管理风险、宏观经济风险、社会风险和自然资源风险五种[107]。

1996 年 J. Finnerty 从项目筹资角度，介绍了供应风险、技术风险、竣工风险、经济风险、金融风险、财务风险、政治风险、不可抗力等风险[112]。

1999 年，Gary R. Smith[113]根据风险的来源把工程项目风险分为八个类别：自然风险、设计风险、后勤供应风险、金融风险、法律法规风险、政治风险、施工风险、环境风险。每一个风险类当中又包含许多具体的风险因素。同时，他还将风险因素划分为内部风险、外部风险；可预测风险、不可预测风险；施工风险、技术风险、合同风险。

2001 年 Miller 和 Lessard 通过对大型工程项目的风险进行研究，把项目风险分为市场风险（market risk）、完成风险（completion risk）和制度风险（institutional risk）三类，并提出用金融工具、实物期权和合同奖励来转移、分散风险[114]。

2003 年 Baloi 和 Price 在大量建设项目实证研究的基础上，总结出技术风险、施工风险、法律风险、自然风险、社会风险、经济风险、财务风险、保障风险、商业风险、政治风险十类典型风险[115]。

还可从不同的研究目的出发，按照其他分类标准或根据不同的依据进行分类。如有些学者把项目风险划分为业主风险、承包商风险、监理风险；还可以按照风险作用的强度划分为高风险、中度风险、低风险；按照风险的影响程度可以划分为局部风险和总体风险；按照项目目标划分为进度风险、质量风险、费用风险等；按照风险的特性分为静态风险和动态风险等。

风险具体分类应根据所研究领域和研究项目的特点和类型，根据研究需要，选择采用最合适的分类方法。合理地选择项目风险分类，可以使研究更加方便、清楚。

2.3.4 工程项目风险管理的概念

风险管理是一门新兴的、综合性的边缘学科，它综合了数学、管理学、保险学等多个学科的优势，项目风险管理属于项目管理的一部分。

美国项目管理协会（PMI）颁布的《项目风险管理分册》（PRAM）中对项目风险管理的定义是：“贯穿项目整个生命期，从项目目标的最大利益出发，对项目风险进行识别、评价以及响应（采取对策）的艺术和科学”[71]。

查普曼（R. J. Chapman）认为风险管理是“管理主体通过风险识别、风险分析和风险评估，并以此为基础，采取主动行动，合理地使用回避、减少、分散或转移等方法和技术对活动或事件所涉及的风险实行有效的控制，妥善地处理风险事件造成的不利后果，以合理的成本保证安全、可靠地实现预定的目标”[116]。

威廉姆斯（C. Arthur Williams）和海因斯（R. Heins）则认为风险管理是“通过对风险的识别、衡量和控制，以最少的成本使风险损失达到最低程度的科学合理的方法”[117]。

邱菀华把项目风险管理定义为：“项目管理人员对可能导致损失的项目不确定性进行预测、识别、分析、评估和有效地处置，以最低成本为项目的顺利完成提供最大安全保障的科学管理方法”[118]。

王卓甫对工程项目风险管理的定义如下：“工程项目管理班子通过对风险的识别、评估、分析、应对和监控，以最小代价在最大程度上实现项目目标的科学和艺术”[119]。

陆惠民等将工程项目风险管理定义为：“参与工程建设各方，包括发包方、承包方和勘察设计、监理咨询等单位在工程项目的策划、勘察设计、工程施工以及竣工后投入使用各阶段采取的识别、评估、处理工程项目风险的措施和方法”[105]。

综合上面几种观点，可以看出工程项目风险管理的实质是风险管理主体在工程项目生命周期内，为降低或减轻工程项目的风险因素对工程项目目标的影响程度，而采取科学的方法对影响工程项目目标实现的不确定性因素进行系统的分析、评价、管理和监控。工程项目风险管理的目标是以最小的成本实现项目总体目标。

2.3.5 工程项目风险管理的起源与发展

工程项目风险管理的理论研究是伴随着工程建设市场的形成和发

展而产生的。随着风险管理理论的发展，工程项目风险管理研究也呈现出阶段性的发展趋势。

20 世纪 70 年代西方国家实施的一些大型能源工程项目，特别是 70 年代中期北美遥远北部地区的极地管线项目，70 年代中期至 80 年代初英国石油公司的北海海底管线铺设项目，以及之后加拿大和美国的许多能源项目。这些项目投资大、环境复杂，面临很多的不确定性因素，这促使项目管理者越来越重视项目风险管理。这一时期风险管理研究涉及的问题主要是有效的计划制订、无偏的成本估计、有效的合同和保险安排以及与环境问题有关的适当的技术方案选择和相关的批准程序。

20 世纪 80 年代，项目风险管理理论开始普及，研究内容开始涉及工程保险、地质及环境不确定风险、费用超支风险、工期延误中的责任、技术风险和设计风险等领域。

20 世纪 80 年代中期，随着中国经济的不断发展，一些大型投资项目开始兴建，中国引入风险管理理论，并将其应用于大型土木工程建设，如上海地铁项目、广州地铁项目以及三峡水利枢纽工程等。这一时期研究的问题着眼于项目风险管理技术在哪些方面可以移植应用，以及对理论、概念的修改及完善，使之适应具体的情况。

现在，项目风险管理不再仅仅是项目管理的“附加”内容，而是已经成为项目管理知识体系的重要组成部分，被许多组织（PMI、IPMA、APM）编入正式的项目管理指南和手册中，项目风险管理的过程正趋于完善和标准化，以及容易使用。

目前，风险管理研究被广泛应用到核工业、航天、国防、海洋工程、石油、大型工程建设、民用基本建设等重要领域和高科技开发项目中，并且项目风险管理研究呈多样化趋势。

2.4 矿建工程项目管理简介

在煤炭企业发展生产过程中，基本建设是扩大再生产的主要手段，它不仅为煤炭生产、多种经营等煤矿经济活动创造物质基础，而且本身也是煤炭企业内部产业结构的主要组成部分，其经济活动的好坏，对煤矿经济将产生影响和制约作用。在市场经济环境下，加快煤炭基本建设速度、提高工程质量和投资效益，是煤炭基本建设管理的重要课题。所谓煤矿建设工程项目管理是指在煤矿建设项目中，利用工程项目管理的原理、方法、手段，针对煤矿建设工程项目建设活动的特点，对项目建设的全过程、全方位进行科学管理和全面控制，最优地实现项目的投资成本目标、工期目标及质量目标。

矿井建设项目建设过程具有显著的单件性特点，同时涉及单位众多，管理过程复杂，井筒、巷道、硐室、机电设备等每项工作都各不相同，都具有相应的目标和约束条件，因此每一项工作都是一个“项目”，煤炭矿井建设项目就是各个不同的项目组成的项目群。煤炭企业作为建设单位，只有运用现代项目管理方法，从各个环节上加强管理，协调好参加建设的各个方面的关系，才能实现巨额投资的预期效益。涉及的设计单位、施工单位也要分别从自身的角度出发，运用科学的方法，管理好项目，达到优化设计、合理施工，共同努力保证项目按时、保质、低成本完成，实现预期的投资效益。

2.4.1 矿建工程项目管理

2.4.1.1 矿建工程项目的建设程序

煤炭矿井建设遵循基本建设规律和建设程序的先后顺序来进行的，其工作依次是资源勘探、可行性研究、设计、施工、生产准备、工程验收和交付使用。矿建工程项目的建设程序有[50]：（1）资源勘探；（2）提出项目建议书；（3）可行性研究；（4）编制设计文件；（5）制定基本建设计划；（6）建设准备；（7）组织施工；（8）生产准备；（9）竣工验收和交付使用；（10）后评估。

2.4.1.2 矿井建设工程项目管理的特点

矿井建设工程项目管理的对象是矿井建设项目，它除具有一般工程项目的特性外，其固有的经济技术特点又别于其他的工程项目，主要特点如下[120~123]：

（1）受自然条件限制。矿井建设项目必然要受到煤炭资源条件的制约。煤炭资源的可靠程度、可开发程度，是确定建设地点、建设规模、建设类型的前提条件。而地理环境、地质情况等自然条件，是决定建设速度的重要因素。因而，搞好煤炭资源的勘探，是煤炭基本建设中非常重要的工作之一。

(2) 矿井建设周期长、投资额大。煤炭矿井建设是遵循基本建设规律和建设程序的先后顺序来进行的，其工作依次是资源勘探、可行性研究、设计、施工、生产准备、工程验收和交付使用，建设周期长、施工工程量大，需要若干个施工单位同时建设，建设过程中不可预见因素多，施工方法、劳动组织、工程进度要随时进行调整。所需投资大，一般煤矿工业中大型建设项目需几亿甚至几十亿元的资金。

(3) 工作条件艰苦、流动性大。矿井建设地点因资源赋存的原因，必然带来基本建设工程施工的流动性，使建设者和施工机具经常流动、转移。建设者不仅在施工过程中要随工作的进展而移动，而且在矿井建成后，还要转移到另外一个新建矿井。矿井建设主要的工程是井巷工程，它需要建设者在地下作业，经常受到地下水涌出、瓦斯爆炸、塌方、片帮等一系列自然灾害的威胁。所有这些，使煤矿建设者的工作条件、生活条件较其他部门更加艰苦。

矿井建设工程项目的这些特点决定了矿井建设工程项目管理除具有工程项目管理的特点外，还有自身的特点：

(1) 合同管理难度大。由于矿井建设工程量较大，因而矿井建设中的标段划分也较多，不仅有地面工程、井巷工程、安装工程、设备采购等标段，而且井巷工程又往往划分为井筒工程、特殊凿井工程、主要大巷工程、采区工程等。这就必然导致招标工作多、合同数量多、合同管理难度大。

(2) 协调工作量较大。矿井建设项目内部要协调各承包商之间的关系、各单位工程之间的关系、各系统之间的关系、地面与地下的关系、建筑（矿建）与安装的关系、安装与设备采购的关系等；在建设项目与外部之间要协调与政府部门、行业、上级主管部门、金融等各方面的关系，并且矿井多属地下作业，工作地点狭窄，运输调度系统复杂，资源消耗大。

(3) 决策难度大。一是矿井建设是以地下工程为主，不可预见因素较多，随时会产生需要决策的问题，并且许多问题难以量化决策，从而增加了决策的难度；二是受外部环境影响较大，不确定因素较多，同样增加了决策的难度；三是施工进度的变化导致关键线路易发生转移，需要经常决策；四是受资源条件限制，井田开拓方式、安装机电运输设备以及建立通风安全系统的选择都要考虑到资源的赋存条件，企业管理也必须注意资源的合理利用，努力提高资源回收率。

以上矿建工程项目管理的特殊性和复杂性，要求矿建工程项目管理的全过程都要贯穿系统工程的思想，采用科学先进的管理方法和管理模式。

2.4.2 我国矿建工程项目的管理模式变迁

近 50 年来，随着我国基本建设市场的不断发展和政策法规的不断完善，我国矿建工程项目管理模式在不断变化。

（1）指挥部模式。项目指挥部模式是我国国有煤矿传统建设模式。其特点是建设期（投资期）与生产运营期（回收期）截然分开，分由两套机构、两套人马负责。建设期的组织管理机构只负责矿井的建设，不负责矿井建成后的生产经营；生产运营期的组织管理机构则只负责矿井建成后的生产经营，而不负责矿井建设。由于责、权、利不统一，缺乏有效的约束机制，许多学者认为指挥部模式已不适应社会发展的需要，目前矿井建设中亦很少采用。

（2）建设项目筹备处模式。这是目前比较常用的煤矿基建模式。筹备处是由建设单位抽调人员组成，代表建设单位负责工程项目的前期准备工作，矿井建设的现场管理、施工监督与验收，协调与地方的关系，负责与设计、建设、施工等单位关系的协调和综合管理工作。基建部门负责工程设计方案及概预算的确定、建设项目计划管理、财务管理、技术指导、审查、验收及工程质量的监督与处罚等。筹备处人员在矿井建成后就地转为生产管理者。

（3）新建矿区管委会模式。这是 20 世纪 80 年代改革开放期间所试行的一种管理方式，在河南永城、甘肃华亭、河北蔚县等矿区建设中被采用。它是中国管理方式与西方管理相结合的产物。所谓有中国的管理特点是由于管委会是原指挥部管理方式的变革；有西方管理特点，是由于管委会类似于西方国家的董事会，并吸收西方的监理方法[120,124]。

从目前我国矿井（区）建设管理的现状来看，无论是筹备处管理模式还是管委会模式，基本上都充分履行了业主的职责，项目建设完成后就地转入生产经营管理[120]。

2.4.3 我国矿建工程项目管理模式的选择

煤炭矿井建设项目的特殊性，决定了煤炭矿井建设项目管理工作与其他基本建设项目管理工作有所不同，业主在选择矿井建设项目管理模式时需要考虑的影响因素也不同于其他基本建设项目，影响煤炭矿井建设项目管理模式选择的因素主要有[125]：

（1）项目因素，它包括时间限制、灵活性限制、设计与施工交互的要求、融资方案以及工程项目的复杂性。

（2）业主因素，它包括业主的管理经验、业主的专业管理能力、业主的管理人员、风险态度。

（3）市场因素，它包括是否能获得合适的承包商、市场状况等。

（4）各方关系，它包括业主是否与承包商之间形成有效的竞争[126]。

各个项目都有其自身的特点，各个项目管理模式也都有其优缺点和适用范围，项目管理模式与项目的特点匹配才能创造好的投资效益。项目管理模式的选择受到项目目标、业主因素和市场条件的影响，在分析煤炭矿井建设项目的特点和常见的项目管理模式的优缺点的基础上，煤炭矿井建设项目采用项目管理模式的有利和不利条件见表2.2。

表2.2 矿井建设项目管理模式

管理模式	投资目标	质量目标	进度目标	业主经验	市场条件
DBB模式（设计-招标-建造 Design-Bid-Build）	不确定性高	可控程度高	可控性较低	较多	成熟
DB模式（设计-建造 Design-Build）	较难控制	可控性较低	可控性较高	缺少	较成熟
CM模式（建设-管理 Construction-Management）	较难控制	较难控制	可控性很低	很少	较不成熟

续表 2.2

管理模式	投资目标	质量目标	进度目标	业主经验	市场条件
PM 模式（项目管理 Project Management）	较难控制	较难控制	可控性很低	很少	不成熟，缺少高水平的 PM 公司
Partnering 模式（合伙 Partnering）	投资较低	较易控制	较易控制	缺少	不成熟，缺少长期合作基础
EPC 模式（设计-采购-建造 Engineering-Procurement-Construction）	易控制投资	可控性很低	可控性很低	较多	成熟
BOT 模式（建造-运营-移交 Build-Operate-Transfer）	易控制投资	可控性很低	可控性很低	较少	较不成熟

对于煤炭企业来说，虽然采用 DBB 模式而导致投资控制和进度目标不容易控制，但是由于经过我国多年的建设实践，业主积累了足够的经验，并且市场上产生了足够的设计单位、承包商和监理单位，具备了成熟的市场条件，并且我国相关的法规政策都是围绕 DBB 模式设计的，便于业主控制质量，因此只要采用科学合理的方法加强投资控制，DBB 模式是合适的煤矿建设项目管理模式。

但是这并不阻碍我们学习其他项目管理模式的经验，需要在此基础不断创新和探索，不断学习研究项目进度和投资控制方法，加强煤炭矿井建设项目管理工作，提高项目管理效率，提高煤炭企业投资效益。

2.5 矿建工程项目风险及风险管理的基础理论

由于我国煤矿大多为井工矿井，煤矿建设周期长，面临的不确定性因素多，受地质条件限制大，瓦斯、地压、突水、煤尘等灾害严重危及项目的安全[127]，因此，矿建工程项目面临的风险比一般建设项目更大。

2.5.1 矿建工程项目风险的来源

矿建工程项目风险主要体现在以下五个方面：

（1）矿建工程项目受资源条件限制。通过初期地质勘探，难以完全获取真实的地质信息。这是由于人们受到技术、成本等客观条件的限制，难以获取项目所在位置的具体的详细的地质水文资料，只能在项目实施过程中不断地进行地质勘探，补充资料，如果遇到与初期勘探资料不相符，就会影响项目计划，这就更增加了矿建工程项目的不确定性。

（2）矿建工程项目参与人员造成的不确定性。从信息经济学的角度来看，在业主、承包商、设计单位、监理单位之间存在信息不对称现象，这就容易引起机会主义行为，增加了项目目标实现的不确定性。同时每个人受到技术、知识、能力等的限制，个人能力并不相等，在工作中常犯错误，也会影响到项目目标的实现。

（3）设备、材料的可靠性。矿建工程项目对机械设备要求较高，机械和人员的可靠性对矿建工程项目质量、安全等具有较大影响，并且施工机械受到场地条件的限制，安装操作具有较大难度。同时矿建工程项目经常使用到炸药等危险品，稍有不慎即可能产生严重后果。

（4）工作环境的不确定性。矿建工程项目的施工多为地下作业，工作环境复杂，经常遇到瓦斯、煤尘、突水、片帮、顶板等危险因素，工作环境在一段时间内是安全的，在接下来的时间内可能会成为危险的，时常威胁到人身财产安全。

（5）事件后果不确定性。矿建工程项目环境条件复杂，影响因素众多，即使经验丰富的施工承包商或业主，也会经常碰到无法预料的情况。而且即使人们认识到了风险因素的存在，由于人们的认识水平的限制和环境条件的变化，也很难准确确认事件的预期后果及发生的概率。

2.5.2 矿建工程项目风险的特点

（1）风险的长期性、复杂性。矿建工程项目建设周期长、规模大、涉及范围广，风险贯穿于矿建工程项目的整个生命周期，并且随着项目的实施不断呈现递增性，也就是说如果风险没有被及时发现和处理，随着项目的实施，其影响程度会逐步增加，造成的损失会越来越大。而且各个风险之间还存在着复杂的内在联系，互为影响，任何一个方面出现问题都直接影响项目目标的顺利实现。

(2) 风险事件危害性大。我国大多为井工矿井，开采深度大，地质条件复杂，不确定性因素众多，风险发生是诸多风险因素共同作用的结果，并且矿建工程项目实施过程中经常使用到炸药等危险品，再加上作业环境的限制，发生风险事件不仅仅造成财产损失，更多情况下会同时造成人身伤亡，给经济社会造成不良影响。

(3) 风险的动态变化性。矿建工程项目风险并不是一成不变的，而是动态变化的，在不同生命周期阶段的风险因素是不同的，同一种风险因素在项目不同生命周期阶段，其引发风险事件影响程度可能也不一样，发生的概率也会随着时间的变化而发生变化。随着项目的进展，有些风险因素会消失，有些风险因素又会产生，风险管理需要及时识别风险因素的变化，以便于采取合理的控制方法。

2.5.3 矿建工程项目风险管理的概念及特征

矿建工程项目风险管理，是指矿建工程项目的当事人对可能遇到的风险因素进行识别、评估、应对以及监控，以求减少风险因素对项目的影响，以最低的成本获得最大安全保障的决策及行动过程。有效的矿建工程项目风险管理能力能取得巨大的经济效果。矿建工程项目风险管理具有以下特征：

(1) 矿建工程项目风险管理的主体是矿建工程项目的当事人，包括业主、承包商、施工单位、监理单位等。

(2) 矿建工程项目风险管理的目标，是以最低的成本获得最大安全保障。为此，在矿建工程项目风险管理决策时要处理好成本与效益的关系，搞好经济决策。

(3) 矿建工程项目风险管理过程是由矿建工程项目风险的识别、评估、应对和监控等环节构成的，其核心是优化组合各种项目风险管理技术。

(4) 矿建工程项目风险管理是一个动态化的过程。在矿建工程项目风险管理方案的实施过程中，必须根据风险状态的变化及时调整工程风险管理的方案，以获得好的矿建工程项目风险管理效果。

2.6 本章小结

随着我国煤矿建设的不断发展和国家、社会对煤矿事故的高度关注，风险管理被逐渐引入到煤矿建设项目。本章阐述矿建工程项目风险管理的基础理论，首先介绍了风险的概念、来源、度量以及风险管理的起源与发展等基础理论；其次介绍了工程项目风险的特征、构成要素和分类，以及工程项目风险管理的概念和起源与发展等工程项目风险及风险管理的基础理论；最后结合矿建工程项目的特点，阐述了矿建工程项目风险的来源和特点，以及矿建工程项目风险管理的概念和特征。这些内容为全书以后章节的研究奠定基础。

3 矿建工程项目风险管理的经济分析

本章在分析风险管理投入、风险损失以及风险管理效益的基础上，对矿建工程项目风险管理的动因进行了分析，界定了矿建工程项目风险管理主体，剖析了风险管理的动力系统构成要素，并建立基于风险分担的业主与承包商风险管理合作博弈模型，通过定量模型分析寻找双方积极合作进行风险管理的条件与影响因素，以更好地指导矿建工程项目风险管理工作的有效进行。

市场经济条件下，业主、承包商、监理、设计单位等矿建工程项目参与主体都是理性的经济人，他们都以追求自己的利润最大化为目标，因此风险管理的目的就是要以最少的投入实现最大的效益，这成为矿建工程参与各方进行风险管理的主要动力。

3.1 矿建工程项目风险管理效益分析

风险管理应该以最少的投入实现最大的效益，这就需要引入经济学的成本——收益分析方法。

3.1.1 风险管理投入分析

煤矿建设项目周期长、不确定性因素多，面临的风险大，因此必须对涉及的风险因素进行有效的管理，才能保证项目目标的顺利实现。工程项目组织为降低项目风险而进行相应的风险管理活动，必然会进行一定的财力、物力及人力等资源的直接或间接投入，就形成了工程项目的风险管理投入。

3.1.1.1 风险管理投入的内涵

对项目风险进行管理的过程中，必须有合理的资源投入，才能产生效果。风险管理投入是在项目实施过程中，工程项目组织为了控制风险因素对项目目标的影响，预防风险发生，控制和减少风险损失，在组织内部采取风险识别、评估、应对和监控措施，从而产生的费用支出以及由此引起的效率的降低。本书研究的风险管理投入仅指项目组织在进行风险管理的过程中发生的资源消耗，而不包括风险发生损失。其既包括实物资源（财、物）的投入，也包括因为进行风险管理而导致的工作效率的降低，以及风险管理人员的精力投入。这其中有些是直接的，明显地可以准确计量的，但是更多的是间接的、隐性的支出，很难准确计量。从风险管理投入的目的来看，风险管理投入可以分为预防性投入、纠正性投入。

（1）预防性投入是为了防止风险的发生，在组织内部采取风险识别、评估、监控以及采取风险应对措施而产生的成本费用，以及由此增加的控制和管理环节而导致工作效率的降低产生的直接和间接损失。预防性管理投入与风险管理主体特性和项目特征有关系。

（2）纠正性投入是在发现了风险征兆后而对其进行检查、处置、防护以及复原而产生的成本费用。此时风险因素已经发生，但是未形成明显的风险事件，风险行为仍在可控范围内，因而未造成明显的、严重的损失，未对项目目标产生严重影响。但如果未及时进行纠正补救，产生的后果会越来越严重，直至产生严重后果，形成风险损失。

从整个风险管理过程来看，其主要可划分为：（1）风险控制、处置及转移的外部投入；（2）风险控制、处置及转移的内部投入；（3）风险管理过程的投入三部分[30]。主要包括以下各种投入：

（1）为减少风险因素给项目带来的不确定性，业主采取风险转移措施，由此增加的工程保险费。

（2）风险管理机构及相关的风险管理部门的运行费用。与风险管理相关的组织机构主要有：风险管理委员会、风险管理部、内部审计部门、监理部门等。这些组织机构都直接或者间接地承担着一定的风险管理职能，因此其部门因履行风险管理职能而发生的那部分运作费用应归属到风险管理的投入中。

（3）风险管理过程的自身投入，主要指为预防风险事故和进行风险管理而增加的设备和设施费用。包括配备一定设备和设施，例如消防设备、劳动保护费；采用的专用设备以及加固设施等而额外增加的费用；增加信息系统等硬件设施而增加的费用等。

（4）人员的培训教育以及咨询费用，包括内部人员的培训、安全教育投入；风险管理咨询费等。

可以用现代成本费用理论的“冰山理论”来解释项目风险管理投入。项目风险管理的投入像是一座浮在水面上的“冰山”，其露在水面之上的仅仅是“冰山”的一角，很大一部分管理投入沉没在水面之下，难以看到，如图3.1所示。

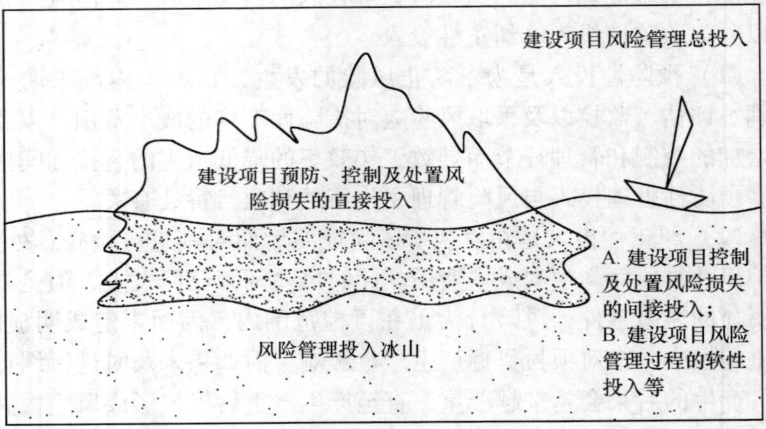

图3.1 建设项目风险管理投入的“冰山理论”

3.1.1.2 风险管理投入的特性分析

风险管理投入是为了对风险因素进行有效的管理，保证项目目标的顺利实现而进行的合理的资源投入，它有以下几个特性：

（1）风险管理投入是一种保障性投入。风险管理投入的目的是减少风险的不确定性，防止风险事件的发生或打断风险作用链，从而减轻或转移风险损失，它是为顺利实现项目目标而进行的资源投入，一般不会直接增加建设项目的价值，与项目建设过程中的其他各项资源投入有着本质区别。

（2）风险管理投入的收益是不确定的。这包含两方面的意思：第一，对项目进行风险管理，必然进行资源投入，这就导致项目成本的增加，但是这种成本的增加却未必能直接体现在项目收益中。第二，从传统的会计成本观点来看，即使风险管理投入减轻了风险损失，产生了收益，因为这种收益难以准确计量，因此也是不确定的。

（3）风险管理投入的收益是客观存在的。虽然风险管理投入的收益是不确定性的，但是因为项目风险是客观存在的，风险损失也就是客观存在的，因此矿建工程项目风险管理投入的产出也就是客观存在的。项目风险管理投入，表面上看增加了成本、降低了利润，但实际上必然会带来风险的降低，获得更大的收益。所以，风险管理投入并不是无效投入。

（4）风险管理投入的边际效益递减特性。矿建工程项目风险管理投入作为资源投入，其遵循资源投入与产出方面的基本经济关系，特别是边际收益递减的规律，也就是说：当风险管理投入达到一定的水平后，增加同一单位（边际投入）的投入，其所带来的风险管理收益（边际产出）会减少，当带来的收益等于单位投入时（即边际收益=边际成本时），总收益（产出）为最优。因为风险管理投入具有边际效益递减特性，所以风险管理投入存在一个最优值。

3.1.2 风险损失分析

项目发生风险，对于项目会造成一定的损失，风险损失是风险管理投入不足的必然结果。如果风险管理投入足够大，且能正确发生作用，就能减少风险损失。因此，风险损失是指由于风险管理工作不及时，缺乏有效的风险管理方法所导致的经济损失。这种损失有些是直接的，可以准确计量，有些则是间接的，难以准确计量。风险损失既包括由于风险造成的直接财产损失和工期延误而增加的人工、机械等方面的费用增加，也包括因为风险事件给业主带来的无形的损失和业主为控制风险所付出的无形的投入。按照风险损失的财务特性，矿建工程项目的风险损失可以分为有形风险损失和无形风险损失。

有形风险损失是指项目风险后果所造成的直接损失和间接损失。直接损失主要是财务上可以计量的实质的经济损失，主要包括财产损失、收入损失以及其他一些额外费用的损失。财产损失是由于风险后果造成的资产损失、人员伤亡以及由于风险后果所造成无法履行合同导致的赔偿责任等。收入损失是后果影响正常生产经营而导致利润的减少。额外费用的损失是维修、补偿或重置风险造成的损坏而支出的费用。

无形风险损失是指由于风险因素的不确定性而导致的业主所付出的无形代价。这主要包括以下几个方面：

(1) 风险事件引起的信誉损失。因为项目是一个系统工程，涉及承包商、供应商、设计单位以及其他一些利益相关者，这些组织和个人按照合同的约定为项目作出贡献。风险事件的发生，必然会引起计划的变动，从而产生一系列的合同变动，使业主的信誉受损。

(2) 心理影响。由于人们害怕风险事件的产生，必然会影响工作的积极性，从而降低工作效率。

3.1.3 风险管理效益分析

控制风险是有成本的，进行风险管理需要进行一定的管理投入。在市场经济条件下，各项目主体皆为理性的经济人，他们以追求自己的利益最大化为目标。业主之所以要进行项目风险管理工作，是因为风险管理能够为项目带来效益。换句话说，有效的风险管理工作可以减少项目风险因素所带来的影响，项目风险管理实质上就是以风险管理资源的消耗来换取项目在风险因素作用下的经济损失的减少。因此项目风险管理工作的产出实际上就是在发生风险事件的情况下，项目风险损失的减少。本书认为矿建工程项目风险管理的收益就是在假设发生风险事件的情况下，通过风险管理措施使实际目标偏离预定目标的减少程度或预期损失的减少值。

因此，在制定矿建工程项目风险管理计划时，项目主体会综合分析项目风险管理投入和因风险管理而避免或减少的风险损失。在这里，把风险管理避免或减少的风险损失看作是进行风险管理的收益，因风险管理而支出的各种费用看成是风险管理投入。风险管理成本与收益的关系如图 3.2 所示。

从风险管理投入与收益的关系可以看出，风险管理的净收益（效益）符合边际效益递减规律。其变化规律可以分为两个阶段：第一阶段是随着风险管理投入成本的增加，净收益为正值，即避免或减少的风险损失始终大于风险管理投入的成本，风险管理的投入是经济

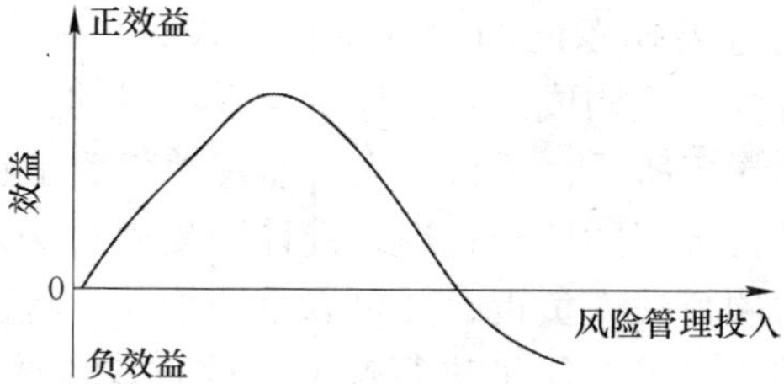

图 3.2 风险管理投入与效益关系

合理的；第二阶段是风险管理投入继续增加，但净收益将变成负值，即避免或减少的风险损失小于风险管理投入，风险管理的投入是不经济的，而零值是正负收益之间的分界点。

项目的不确定性是绝对的，我们不管采取什么管理方法，投入多少资源，风险都会以一定的概率发生。因此，矿建工程项目风险管理的目标不是追求完全消除风险，而是接受一定水平下的风险。

3.2 矿建工程项目风险管理的动因分析

动力是推动系统运动和发展的力量，对于项目风险管理来说，动力系统就是指项目内外部推动项目参与主体进行风险管理的欲望和要求，继而进行风险管理一系列行动的因素和条件。

煤矿建设项目涉及经济社会环境、技术条件、法律法规以及作为实施主体的个人或组织等多种因素，这些因素相互作用、相互影响，因素间的作用关系复杂，不确定因素众多。要对这个过程进行风险管理工作，进行风险识别、分析、评估、控制，难度可想而知。矿建工程项目风险管理动力系统分析就是要分析促使项目参与人员进行风险管理和控制工作的根源。研究项目主体风险管理的动力，对于建立正确的激励和约束机制，促进项目组织高效运行，改善项目组织的活力，提高项目管理绩效具有十分积极地意义。

3.2.1 矿建工程项目风险管理主体

我国的煤矿建设项目管理体制是在政府有关部门的监督下，项目法人、监理单位、承包商三方以经济合同为纽带，共同参加的管理体制。项目法人通过委托专门的设计院负责设计。项目法人、监理单位、承包商、设计院便构成了我国煤矿建设项目的主要参与者。他们之间的关系如图 3.3 所示，项目法人、监理单位、承包商、设计院都受到政府相关监督部门的监督管理，设计院受项目法人委托负责项目的图纸设计，对项目法人负责，并可以就图纸与承包商进行交流，在项目法人同意的情况下对图纸进行修改。监理单位受项目法人委托，以“三控、两管、一协调”作为主要工作内容，为各个矿井的全部建设过程进行日常监督管理。承包商受项目法人委托，为整个项目施工的主体，在合同的约束下，依据法律法规、技术标准等进行项目建设。

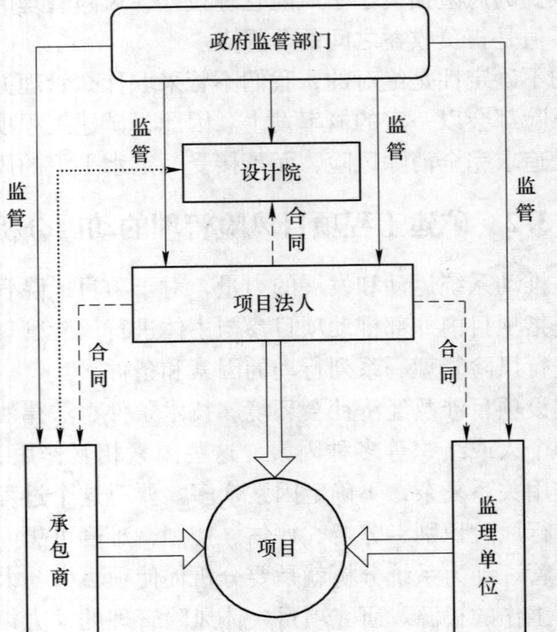

图 3.3 煤矿建设项目参与主体及其关系图

3.2.2 矿建工程项目风险管理动力系统构成

矿建工程项目风险管理动力系统，是指推动项目参与主体进行项目风险管理工作的某种力量或某几种力量的集合。从政策角度看，风险管理动力来源于各种法律、法规、政策的要求和制约；从项目管理角度看，风险管理动力是指各种管理措施相互支持、补充与衔接的耦合；从经济角度看，风险管理动力来源于对有限理性人的积极的诱导、激化、强化与整合；从项目组织角度看，风险管理动力是对组织内部权力、责任、利益的优化配置。

矿建工程项目风险管理动力系统，包括外部动力因素和内源动力因素两大部分。外部动力因素主要包括：社会需求的拉动力、市场竞争的压力、环境压力和政府政策的约束力等；内源动力主要包括：理性的项目参与主体追求经济利益最大化、声誉等，如图 3.4 所示。

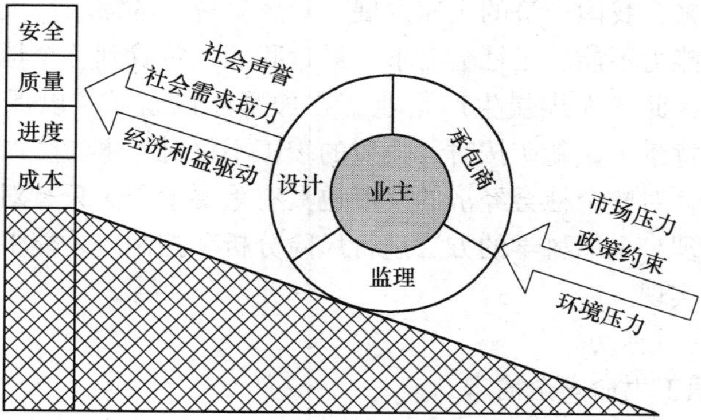

图 3.4 矿建工程项目风险管理动力系统构成

3.2.2.1 矿建工程项目风险管理的外部动力因素

A 政府政策的约束力

矿建工程项目隐蔽工程多，不确定因素多，危险性大，发生风险影响面大。政府作为煤矿建设的主管监督部门，对设计院、施工单位、业主、监理公司都有监督监管的职能，对其资质的审核审查有着严格的规定，围绕着煤矿安全建设出台了《煤矿建设安全规范》、《建设工程监理规范》、《煤炭工业矿井设计规范》等一系列的法律法规，对煤矿的施工过程进行规范约束，对违反规定的单位进行惩处。这些法律法规督促矿建工程项目相关主体单位必须进行相关的风险管理工作。

B 市场竞争的压力

中国现行的煤矿建设体制中，项目业主、设计院、施工单位、监理公司都作为独立的法人，是市场中的行为主体。在激烈的市场竞争中，一个项目的成败对于相关项目主体有着重要的影响，轻则损失利益，重则一蹶不振，被市场淘汰。风险管理的基本目标是保证项目的目标顺利实现，为了在激烈的市场竞争中占有一席之地，矿建工程项目的相关主体都会采取措施，加强安全管理，防范风险发生。

C 社会需求的拉力

我国是以煤为主要能源的国家，煤炭工业是关系能源安全和国民经济命脉的重要基础产业。经济发展需要以煤炭的供给作为能源保障。近年来，我国经济的飞速发展，对煤炭资源的需求巨大，现有的煤炭生产能力不能满足社会需求。最近我们经常看到各个地区电煤供应紧张。因此各大煤炭生产企业都在加紧建设新矿，以保障煤炭供应。在此背景下，新矿按时、按质的竣工不仅对于煤炭生产企业具有重要意义，对整个社会经济的发展也具有重要意义。只有对项目进行科学的管理，采取科学的方法进行风险分析和控制，才能保证项目目标的顺利实现。

D 环境压力

a 职工生命安全需求

人的生命是第一位的。矿井建设困难大，不确定性因素多，发生事故危害性大，往往会对职工的身体造成致命伤害。人对于生命安全的需求是最基本最低层次的需求。随着社会经济的进步，越来越多的人追求生命生活质量的提高，职工逐渐意识到工作环境、安全保障的重要性。这种转变促使矿建相关单位主体坚持以人为本的理念，提高项目的风险管理水平。

b 社会舆论压力

现代社会通信发达，信息传递速度快、范围广，社会舆论透明度高，能够影响大范围人员的注意力。特别是近年来煤矿安全事故频发，煤矿建设项目出现事故更容易引起人们的注意，这对煤矿建设的相关单位形成一定的约束力和压力，促使他们采取措施减少风险事故。

3.2.2.2 矿建工程项目风险管理的内部动力因素

矿建工程项目风险管理的外部动力因素虽然对推动相关主体进行风险管理具有重要作用，但是外部动力只有通过内部动力才能更好地起作用。内部动力是矿建工程项目风险管理动力系统的核心，主要包括经济利益驱动力、声誉等。

A 经济利益驱动力

“天下熙熙，皆为利来；天下攘攘，皆为利往”。煤矿建设参与主体对经济利益的追求是整个动力系统的核心。市场经济中，煤矿建设项目相关主体都是理性的经济人，都为追求利益最大化而努力。只有风险管理能够给业主带来经济利益，业主才有动力进行风险管理的投入，才会采取措施对项目进行风险管理。只有业主对设计院、承包商、监理单位实施一定的激励约束措施，风险管理工作才能取得他们的配合，才能取得事半功倍的效果，同时使业主、设计院、承包商、监理单位实现共赢。

B 企业声誉

市场经济条件下，声誉对企业的影响巨大，声誉已经成为企业的无形资产。企业声誉一旦形成，就会对企业产生战略价值。声誉损失不仅是降低无形资产，还会降低企业的有形资产。矿建工程项目失败或出现重大事故，不仅给业主、承包商带来巨大损失，同时也会影响到企业的声誉，影响到企业间的长期合作。现在企业在选择项目合作者时不仅看企业财务绩效，还会考虑企业声誉，对二者进行综合考虑，也就是说，在市场竞争中，会逐渐淘汰声誉不佳的企业。这就会促使业主努力控制风险事故，从而维护和提升企业声誉。

3.3 矿建工程项目参与方风险管理合作博弈分析

风险管理工作不是业主单方面的行动，需要煤矿建设参与各方的积极合作才能顺利完成。项目各参与主体态度的积极与否直接影响到项目风险管理的效果，影响到建设项目风险管理工作目标的顺利实现。业主的目标是要求合作者高效率、高质量地完成建设任务，这不仅需要业主积极地进行风险管理，同时还需要设计合理的激励约束机制，激励承包商采取积极的风险管理措施有效地降低项目不确定性因素的影响。为此，本章建立基于风险分担的业主与承包商风险管理合作博弈模型进行演化博弈分析，通过求解演化博弈均衡解，寻找双方积极合作进行风险管理的条件与影响因素，从而更好地指导矿建工程项目风险管理工作。

3.3.1 博弈论简介

1944 年冯 · 诺伊曼（John Von Neumann）和摩根斯坦（Morgenstern）的《博弈论与经济行为》（Garne Theory and EconomicBehavior）[128]一书的出版宣告了博弈论（Game Theory）的诞生。在短短的70 多年中，它彻底地改写了传统的微观经济学，造就了“经济学领域内悄然发生的一场温和的革命”[129]，已经成为重要的经济理论和经济学的核心分析方法[130]。博弈论的应用几乎遍及经济学及管理学的各个领域，在经济管理研究中占有越来越重要的地位。

博弈论是研究相互依赖、相互影响的决策主体的理性决策行为以及决策均衡问题的理论。不管博弈各方是合作、竞争、威胁还是暂时让步，博弈论模型的求解目标就是使决策主体自身最终的利益最大化，但其又必须建立在对方也采取各自“最好策略”的基础上[131]，从而使各方最终达到一个力量均衡，也就是说，谁也无法通过偏离均衡点而获得更多的利益，这就是博弈论求解的本质。

3.3.2 模型假设

（1）将承包商和业主各自看成一个群体，煤矿建设主要由业主和承包商合作完成，并且业主和承包商均为理性的经济人。

（2）在项目实施过程中，业主有 A_1（积极管理）或 A_2（消极管理）两种策略；承包商也有 B_1（积极管理）或 B_2（消极管理）两种策略。如业主采取积极管理策略，需要进行一定的投入，包括信息收集、人员设备投入及安全措施投入等，假设为 C_1；如果承包商采取积极风险管理策略，也需要进行一定的投入，假设为 C_2，并且业主或承包商采取必要的风险管理措施能够在一定程度上降低风险损失。

（3）在项目顺利完工，不发生风险损失的情况下，业主和承包商的收益分别设为 R_1 和 R_2。风险发生概率和风险损失的大小与业主和承包商是否积极进行风险管理有关，通过积极的风险管理，风险发生的概率或损失程度会降低。

根据第1章介绍的风险定义，我们采用风险损失×发生概率来度量风险大小。如果业主和承包商都采取积极风险管理策略，则风险大小为 $L \times r$；如业主积极管理而承包商消极管理，则风险大小降为 $L \times s$；如业主消极管理而承包商积极管理，则风险大小降为 $L \times t$；如果业主和承包商都采取消极管理策略；则风险大小为 $L \times v$。也就是说，r、s、t、v 是业主和承包商采取相应的风险管理措施时，风险发生的可能性，根据实际意义，则有 $0 \leqslant r,s,t,v \leqslant 1$，并且有 $r < s, r < t, r < v, s < v, t < v$。

（4）设风险发生后，风险损失由业主和承包商分担，分担系数为 β，即如风险发生，损失设为 L，则业主承担 βL，承包商承担 $(1-\beta)L$。

根据上面的假设，则业主与承包商博弈模型的收益矩阵：

		承包商 积极（B_1） q	承包商 消极（B_2） $(1-q)$
业主	积极（A_1） p	(U_1, U_2)	(U_3, U_4)
业主	消极（A_2） $1-p$	(U_5, U_6)	(U_7, U_8)

$U_i(i=1,3,5,7)$ 为业主在相应策略下的收益，$U_j(j=2,4,6,8)$ 为承包商在相应策略下的收益。

3.3.3 模型分析

在业主和承包商分别采取不同的策略组合时，根据假设（3）风险发生的可能性和影响程度会相应变化，业主和承包商的收益会随之不同：

（1）业主和承包商都采取积极风险管理策略时，风险发生的损失为 $L \times r$，此时：

业主的收益 = 正常情况下业主的收益-业主投入的成本-业主承担的风险损失，即 $U_1 = R_1 - C_1 - \beta Lr$；

承包商的收益=正常情况下承包商的收益-承包商投入的成本-承包商承担的风险损失，即：$U_2 = R_2 - C_2 - (1-\beta)Lr$。

(2) 业主采取积极管理策略，而承包商采取消极管理策略时，风险发生的损失为 $L \times s$，此时：

业主的收益=正常情况下业主的收益-业主投入的成本-业主承担的风险损失，即：$U_3 = R_1 - C_1 - \beta Ls$；

承包商的收益=正常情况下承包商的收益-承包商承担的风险损失，即：$U_4 = R_2 - (1-\beta)Ls$。

(3) 业主采取消极管理策略，而承包商采取积极管理策略时，风险发生的损失为 $L \times t$，此时：

业主的收益=正常情况下业主的收益-业主承担的风险损失，即：$U_5 = R_1 - \beta Lt$；

承包商的收益=正常情况下承包商的收益-承包商投入的成本-承包商承担的风险损失，即：$u_6 = R_2 - C_2 - (1-\beta)Lt$。

(4) 业主和承包商都采取消极管理策略时，风险发生的损失为 $L \times v$，此时：

业主的收益=正常情况下业主的收益-业主承担的风险损失，即：$U_7 = R_1 - \beta Lv$；

承包商的收益=正常情况下承包商的收益-承包商承担的风险损失，即为：$U_8 = R_2 - (1-\beta)Lv$。

其中，$U_i(i=1,3,5,7)$ 为业主在各种策略下的收益，$U_j(j=2,4,6,8)$ 为承包商在各种策略下的收益；R_1 和 R_2 分别为业主和承包商在正常情况下的收益；C_1 和 C_2 分别为业主和承包商采取积极风险管理策略时的投入；β 为业主承担的风险损失比例系数，$1-\beta$ 为承包商承担的风险损失比例系数；r、s、t、v 可以视为业主和承包商采取相应的风险管理策略组合时，风险发生的可能性。

对于业主来说：

业主采取纯策略 A_1（积极管理）的期望收益为：

$$E(A_1) = U_1 q + U_3(1-q)$$

业主采取纯策略 A_2（消极管理）的期望收益为：

$$E(A_2) = U_5 q + U_7(1-q)$$

则业主以 p 采取纯策略 A_1 和以 $1-p$ 采取纯策略 A_2 的期望收益为：

$$E(A) = p[U_1 q + U_3(1-q)] + (1-p)[U_5 q + U_7(1-q)]$$

对于承包商来说：

采取纯策略 B_1（积极管理）的期望收益为：

$$E(B_1) = U_2 p + U_6(1-p)$$

采取纯策略 B_2（消极管理）的期望收益为：

$$E(B_2) = U_4 p + U_8(1-p)$$

则承包商以 q 采取纯策略 B_1 和以 $1-q$ 采取纯策略 B_2 的期望收益为

$$E(B) = q[U_2 p + U_6(1-p)] + (1-q)[U_4 p + U_8(1-p)]$$

理性的经济人会根据过去多次博弈的结果而调整各自对两种策略选择概率，这种动态调节机制类似于生物进化中生物性状和行为特征的动态演化过程的“复制动态”。如果统计结果表明某一特定策略的平均支付高于混合策略的平均支付，则他将倾向于更多地使用这种策略。

则业主采用纯策略 A_1 的复制动态方程为：

$$\begin{aligned}\frac{\mathrm{d}p}{\mathrm{d}t} &= p[E(A_1) - E(A)] \\ &= p\{[U_1 q + U_3(1-q)] - p[U_1 q + U_3(1-q)] - \\ &\quad (1-p)[U_5 q + U_7(1-q)]\} \\ &= p(1-p)[(U_3 - U_7) - (U_3 - U_7 + U_5 - U_1)q] \end{aligned} \tag{3.1}$$

承包商采取纯策略 B_1 的复制动态方程为：

$$\begin{aligned}\frac{\mathrm{d}q}{\mathrm{d}t} &= q[E(B_1) - E(B)] \\ &= q\{[U_2 p + U_6(1-p)] - q[U_2 p + U_6(1-p)] - \\ &\quad (1-q)[U_4 p + U_8(1-p)]\} \\ &= q(1-q)[(U_2 - U_4 + U_8 - U_6)p - (U_8 - U_6)] \end{aligned} \tag{3.2}$$

由微分方程（3.1）和方程（3.2）组成的系统，称为动态复制系统[132]。动态复制系统解曲线上的任意一点（p，q）均对应着演化博弈的一个混合策略，将动态复制系统平衡点对应的策略组合称为演化均衡。根据雅克比矩阵计算，可知在平面 $S=\{(p,q);\ 0<p,q<1\}$ 上有平衡点 E_1（0，0）、E_2（1，0）、E_3（0，1）、E_4（1，1），又当 $0<\dfrac{U_3-U_7}{U_3-U_7+U_5-U_1}<1$，$0<\dfrac{U_8-U_6}{U_8-U_6+U_2-U_4}<1$ 时，

$E_5\left(\frac{U_3 - U_7}{U_3 - U_7 + U_5 - U_1}, \frac{U_8 - U_6}{U_8 - U_6 + U_2 - U_4}\right)$也是一个系统的平衡点，它们分别对应着一个演化博弈均衡。孙庆文、陆柳、严广乐等(2003)分析了非对称的 2 × 2 重复博弈的演化均衡的渐进稳定性[132]，完整地给出了拓扑等价分类，研究了收益不同时的 16 种可能演化博弈均衡的渐进稳定性，见表 3.1。

从表 3.1 可以看出，在下列 4 种情况下，(A_1，B_1）是稳定的，也就是业主和承包商都采取积极风险管理策略是稳定的：

(1) $U_3 < U_7$，$U_1 > U_5$，$U_4 < U_2$，$U_8 < U_6$

(2) $U_3 > U_7$，$U_1 > U_5$，$U_4 < U_2$，$U_8 > U_6$

(3) $U_3 > U_7$，$U_1 > U_5$，$U_4 < U_2$，$U_8 < U_6$

(4) $U_3 < U_7$，$U_1 > U_5$，$U_4 < U_2$，$U_8 > U_6$

表 3.1 演化博弈均衡

序号	条 件	E_1	E_2	E_3	E_4	E_5
1	$U_3 > U_7$，$U_1 > U_5$，$U_4 > U_2$，$U_8 < U_6$	不稳定的结点	鞍点	稳定的结点	鞍点	
2	$U_3 < U_7$，$U_1 < U_5$，$U_4 < U_2$，$U_8 > U_6$	稳定的结点	鞍点	不稳定的结点	鞍点	
3	$U_3 < U_7$，$U_1 > U_5$，$U_4 < U_2$，$U_8 < U_6$	鞍点	鞍点	不稳定的结点	稳定的结点	
4	$U_3 > U_7$，$U_1 < U_5$，$U_4 > U_2$，$U_8 > U_6$	鞍点	鞍点	稳定的结点	不稳定的结点	
5	$U_3 > U_7$，$U_1 < U_5$，$U_4 > U_2$，$U_8 < U_6$	鞍点	稳定的结点	鞍点	不稳定的结点	
6	$U_3 > U_7$，$U_1 > U_5$，$U_4 < U_2$，$U_8 > U_6$	鞍点	不稳定的结点	鞍点	稳定的结点	
7	$U_3 < U_7$，$U_1 > U_5$，$U_4 > U_2$，$U_8 < U_6$	稳定的结点	不稳定的结点	鞍点	鞍点	
8	$U_3 > U_7$，$U_1 < U_5$，$U_4 < U_2$，$U_8 < U_6$	不稳定的结点	稳定的结点	鞍点	鞍点	
9	$U_3 > U_7$，$U_1 > U_5$，$U_4 < U_2$，$U_8 < U_6$	不稳定的结点	鞍点	鞍点	稳定的结点	

续表 3.1

序号	条　件	E_1	E_2	E_3	E_4	E_5
10	$U_3<U_7$，$U_1<U_5$，$U_4>U_2$，$U_8>U_6$	稳定的结点	鞍点	鞍点	不稳定的结点	
11	$U_3<U_7$，$U_1<U_5$，$U_4<U_2$，$U_8<U_6$	鞍点	稳定的结点	不稳定的结点	鞍点	
12	$U_3>U_7$，$U_1>U_5$，$U_4>U_2$，$U_8>U_6$	鞍点	不稳定的结点	稳定的结点	鞍点	
13	$U_3>U_7$，$U_1<U_5$，$U_4>U_2$，$U_8<U_6$	不稳定的结点	稳定的结点	稳定的结点	不稳定的结点	鞍点
14	$U_3<U_7$，$U_1>U_5$，$U_4<U_2$，$U_8>U_6$	稳定的结点	不稳定的结点	不稳定的结点	稳定的结点	鞍点
15	$U_3<U_7$，$U_1>U_5$，$U_4>U_2$，$U_8<U_6$	鞍点	鞍点	鞍点	鞍点	中心
16	$U_3>U_7$，$U_1<U_5$，$U_4<U_2$，$U_8>U_6$	鞍点	鞍点	鞍点	鞍点	中心

3.3.4 结论分析

（1）对比这 4 种情况，通过分析发现，只有 $U_1>U_5$，$U_4<U_2$ 时，（A_1，B_1）是稳定的，$U_1>U_5$说明在承包商积极的情况下，业主采取积极风险管理策略的收益大于消极管理的收益；$U_4<U_2$说明在业主积极的情况下，承包商采取积极风险管理的收益大于消极管理的收益。也就是说只要双方积极管理带来的收益大于消极管理的收益，则（积极，积极）是稳定的演化均衡。

$U_1>U_5$时，$R_1-C_1-\beta Lr>R_1-\beta Lt$，整理得$\beta L(t-r)-C_1>0$；

$U_4<U_2$时，$R_2-(1-\beta)Ls<R_2-C_2-(1-\beta)Lr$，整理得$(1-\beta)L(s-r)-C_2>0$。

因此，博弈矩阵的参数值成了确定业主和承包商都采取积极风险管理策略稳定与否的重要决定因素，这包括：在对方采取积极风险管理的前提下，业主和承包商对自己积极与消极风险管理所带来的风险减少程度的预期；分配的比例系数β以及业主和承包商为进行积极的风险管理所分别投入的前期成本 C_1 和 C_2。其基本保证是业主和承包商按比例承担的风险管理收益必须大于各自的前期投入成本：即对于业主而言，需满足 $\beta L(t-r)-C_1>0$，而对于承包商，则满足 $(1-\beta)L(s-r)-C_2>0$。

（2）$U_1>U_5$ 时，$R_1-C_1-\beta Lr>R_1-\beta Lt$，整理得 $\beta>\dfrac{C_1}{L(t-r)}$；$U_4<U_2$ 时，$R_2-(1-\beta)Ls<R_2-C_2-(1-\beta)Lr$，整理得 $\beta<1-\dfrac{C_2}{L(s-r)}$。联立以上不等式得出 $\dfrac{C_1}{L(t-r)}<\beta<1-\dfrac{C_2}{L(s-r)}$，即只有在 $\dfrac{C_1}{L(t-r)}<\beta<1-\dfrac{C_2}{L(s-r)}$ 时，双方都积极进行风险管理是稳定的。

矿建工程项目自身的特点决定了其一旦发生风险事故，造成的损失和影响是非常巨大的，虽然政府法规政策的约束力、市场竞争的压力、社会环境压力等客观上都要求各个项目主体进行密切的配合与合作，但由上面的博弈均衡可以看出，业主和承包商密切配合积极进行风险管理是有条件的，取决于各种参数的数值，特别是与风险分担系数 β 有关，只有合理设置 β，才能达到业主和承包商都积极进行风险管理的目的。因此，需要构建利益与风险共担的新机制，实现分层次、分阶段分解风险责任，根据项目建设的不同过程及实施的不同阶段，以及双方在各个阶段的利益偏好，选择不同的风险分担方式。

业主和承包商对 β 的确定可以通过讨价还价解来确定，假定 σ_1、σ_2 分别为业主和承包商的贴现因子，且 $0\leqslant\sigma_1\leqslant1$，$0\leqslant\sigma_2\leqslant1$，$\sigma_1$、$\sigma_2$ 可以视为业主和承包商对风险管理效果的期望，对应于局中人1（业主）的均衡策略为[133]："出价时总是要求 $\beta=\dfrac{1-\sigma_2}{1-\sigma_1\sigma_2}$，接受任何等于或大于的出价并拒绝小于该数的出价 $1-\beta=\dfrac{\sigma_2(1-\sigma_1)}{1-\sigma_1\sigma_2}$"。讨价还价解依赖于博弈双方谁先出价。假定业主先出价，则均衡结果为 $\beta=\dfrac{1-\sigma_2}{1-\sigma_1\sigma_2}$，$1-\beta=\dfrac{\sigma_2(1-\sigma_1)}{1-\sigma_1\sigma_2}$。

（3）由（1）可知，业主和承包商都采取积极风险管理策略稳定的基本前提是业主和承包商按比例承担的风险损失额必须大于各自的前期投入成本：即对于业主而言，需满足 $\beta L(t-r)-C_1>0$，而对于承包商，则满足 $(1-\beta)L(s-r)-C_2>0$。在实际中，业主和承包商对自己采取积极或消极风险管理策略所带来的预期风险收益，以及风险管理投入对业主和承包商采取哪种风险管理策略具有重要影响，并且这种预期收益和风险管理投入与业主与承包商所掌握的风险管理技术方法、已拥有的风险管理人员、具备的设施设备等密切相关。因此，为了使得矿建工程项目各参与方能够长期稳定地实施积极的风险管理策略，还需要不断丰富发展矿建工程项目风险管理的技术方法，建立各种保障机制，从而使得项目主体掌握风险管理技术，能够预测到风险管理的收益。为此，本书后面章节将对矿建工程项目风险识别、评估、应对和监控以及风险管理的保障体系建设进行系统深入研究。

3.3.5 模型算例分析

业主进行积极的风险管理，需要进行一定的投入，包括信息收集、人员设备投入及安全措施投入等，假设这些投入的成本为 $C_1=50$；承包商进行积极的风险管理，也需要进行一定的投入，由于承包商可以从业主处取得许多风险信息，因此承包商的投入小于业主的投入，假设 $C_2=10$。

在不发生风险，项目顺利完工的情况下，业主和承包商的收益分别假设为 $R_1=1000$ 和 $R_2=200$，风险发生后造成的损失为 $L=500$，风险发生概率与业主和承包商是否积极进行风险管理有关，通过积极的风险管理，风险发生的概率会降低。

因此，假设业主和承包商都采取积极的风险管理策略，风险发生的概率 $r=0.01$，相应的风险大小为 $L\times r=500\times 0.01=5$；

假设业主积极管理而承包商消极管理的情况，风险发生的概率 $s=0.1$，相应的风险大小为 $L\times s=500\times 0.1=50$；

假设业主消极管理而承包商积极管理的情况，风险发生的概率 $t=0.2$，相应的风险大小为 $L\times t=500\times 0.2=100$；

假设业主和承包商都采取消极管理策略，风险发生的概率 $v=0.5$，相应的风险大小为 $L\times v=500\times 0.5=250$。

假设风险发生后，由业主和承包商分担，分担系数为 β，即如风险发生，则业主承担的风险损失为 500β，承包商承担的风险损失为 $500\times(1-\beta)$。

那么业主在各种策略下的收益 $U_i(i=1,3,5,7)$，承包商在各种策略下的收益 $U_j(j=2,4,6,8)$，分别为：

$$U_1=R_1-C_1-\beta Lr=1000-50-5\beta=950-5\beta$$

$$U_2=R_2-C_2-(1-\beta)Lr=200-10-5(1-\beta)=185+5\beta$$

$$U_3=R_1-C_1-\beta Ls=1000-50-50\beta=950-50\beta$$

$$U_4=R_2-(1-\beta)Ls=200-50(1-\beta)=150+50\beta$$

$$U_5=R_1-\beta Lt=1000-100\beta$$

$$U_6=R_2-C_2-(1-\beta)Lt=200-10-100(1-\beta)=90+100\beta$$

$$U_7=R_1-\beta Lv=1000-250\beta$$

$$U_8=R_2-(1-\beta)Lv=200-250(1-\beta)=250\beta-50$$

根据模型分析的结论：只有 $U_1>U_5$，$U_4<U_2$时，(A_1,B_1) 是稳定的，即双方都积极进行风险管理是稳定的，推导出 $0.52=\dfrac{C_1}{L(t-r)}<\beta<1-\dfrac{C_2}{L(s-r)}=0.78$ 时，双方都积极进行风险管理是稳定的。

业主和承包商对 β 的确定可以通过讨价还价解来确定，下面对各种情形予以讨论：

（1）假设业主和承包商的贴现因子分别为 $\sigma_1=0.95,\sigma_2=0.9$，假定业主先出价，则均衡结果为 $\beta=\dfrac{1-\sigma_2}{1-\sigma_1\sigma_2}=0.69,1-\beta=\dfrac{\sigma_2(1-\sigma_1)}{1-\sigma_1\sigma_2}=0.31$。

（2）假设业主和承包商的贴现因子分别为 $\sigma_1=\sigma_2=0.9$。假定业主先出价，则均衡结果为 $\beta=\dfrac{1-\sigma_2}{1-\sigma_1\sigma_2}=0.53,1-\beta=\dfrac{\sigma_2(1-\sigma_1)}{1-\sigma_1\sigma_2}=0.47$。

（3）假设业主和承包商的贴现因子分别为 $\sigma_1=0.9$，$\sigma_2=0.8$。假定业主先出价，则均衡结果为 $\beta=\dfrac{1-\sigma_2}{1-\sigma_1\sigma_2}=0.71$，$1-\beta=\dfrac{\sigma_2(1-\sigma_1)}{1-\sigma_1\sigma_2}=0.29$。

（4）假设业主和承包商的贴现因子分别为 $\sigma_1=0.9$，$\sigma_2=0.95$。假定业主先出价，则均衡结果为 $\beta=\dfrac{1-\sigma_2}{1-\sigma_1\sigma_2}=0.35$，$1-\beta=\dfrac{\sigma_2(1-\sigma_1)}{1-\sigma_1\sigma_2}=0.65$。

（5）假设业主和承包商的贴现因子分别为 $\sigma_1=0.8$，$\sigma_2=0.9$。假定业主先出价，则均衡结果为 $\beta=\dfrac{1-\sigma_2}{1-\sigma_1\sigma_2}=0.36$，$1-\beta=\dfrac{\sigma_2(1-\sigma_1)}{1-\sigma_1\sigma_2}=0.64$。

结合贴现因子数值的算例分析表明，在业主对风险管理效果的期望不小于承包商的期望时，通过讨价还价解确定的风险分担系数满足业主和承包商双方都积极进行风险管理是稳定的条件。这与算例中假设项目顺利完工业主获得收益远远大于承包商，业主积极进行风险管理对风险概率发生的降低程度大于承包商的假设是一致的。

3.4 本章小结

本章首先在分析风险管理投入内涵、特性以及风险损失的基础上，界定了风险管理的效益并对其进行了分析，然后从矿建工程项目风险管理主体界定和动力系统构成两个方面分析了矿建工程项目风险管理的动因，最后建立基于风险分担的业主与承包商风险管理合作博弈模型，并进行演化博弈分析，通过求解演化博弈均衡解，寻找双方积极合作进行风险管理的条件与影响因素，从而更好地指导矿建工程项目风险管理工作。

4 矿建工程项目风险因素识别研究

本章在已有工程项目风险因素识别方法研究和专家访谈的基础上，通过设计矿建工程项目风险调查问卷征求专家意见，对矿建工程项目风险因素进行识别，采用统计分析方法识别矿建工程项目的关键风险因素。

风险识别是风险管理的首要步骤，也是关键的一步。矿建工程项目工期长、地质条件复杂、不确定因素众多，理论上说，与矿建工程项目相关的任何因素都有可能影响项目的目标，但是并不是每个因素都会对项目目标产生显著影响。哪些因素对于矿建工程项目来说是关键因素？哪些因素对项目目标产生显著影响？这些风险因素又是如何相互作用的？风险因素识别就是对影响矿建工程项目目标的各个因素进行分析，找出对项目目标产生显著影响的那些关键因素。

基于以上考虑，本章将重点解决两个问题：

（1）在借鉴以往文献研究成果和企业访谈的基础上，对矿建工程项目的潜在风险因素做探索性的全面假设；

（2）识别关键风险因素，即通过对问卷调查结果的统计分析，识别对矿建工程项目目标有显著影响的关键因素。

4.1 矿建工程项目风险因素识别技术与方法的选择

风险识别是风险管理的起点和基础，目的是通过科学的方法和手段，尽可能地找出潜在的对项目目标有显著影响的风险因素。在已有的风险管理文献中，风险识别有很多成熟的方法。常用的方法一般可以分成两类：一类是分析方法；另一类是专家调查方法。除了以上常用的两类方法外，近年来因子分析方法被大量应用于风险因素识别[134,135]。

分析方法主要是根据事物本身的规律和个人的历史经验将项目风险进行分解，形成层次性的风险分解结构，常用的有故障树、概率树、决策树等；专家调查方法常用的有头脑风暴法、德尔菲法、情景分析法、检查表法等。这些方法在第1章的文献综述部分已经给出了详细说明，在此不再赘述。

因子分析法是一种多元统计方法，它是从研究变量的相关矩阵内部的依赖关系出发，把一些具有错综复杂关系的变量归结为少数几个综合变量的一种多变量统计分析方法。因子分析通过研究众多变量之间的内部依赖关系，探求观测数据中的基本结构，用少数几个变量来描述许多变量所体现的一种基本结构。基本思想是根据变量的相关性大小把原始变量分组，使同组内变量之间的相关性较高，而不同组的变量间的相关性较低。每组变量代表一个基本结构，并用不可观测的综合变量来表示，称之为公共因子。因子分析把每个变量分解为两部分：一部分即公共因子，另一部分是每个变量独自具有的独特因子，称为独特因子。在研究经济社会现象时，抓住了公共因子即可以对复杂的经济社会问题进行分析。

因子分析的基本模型如下[135]：

有 n 个可观测指标 X_1，X_2，…，X_n，m 个不可观测的因子 F_1，F_2，…，F_m，则因子分析的基本模型见式（4.1）：

$$\begin{cases} X_1 = a_{11}F_1 + a_{12}F_2 + a_{13}F_3 + \cdots + a_{1m}F_m + \varepsilon_1 \\ X_2 = a_{21}F_1 + a_{22}F_2 + a_{23}F_3 + \cdots + a_{2m}F_m + \varepsilon_2 \\ \vdots \\ X_n = a_{n1}F_1 + a_{n2}F_2 + a_{n3}F_3 + \cdots + a_{nm}F_m + \varepsilon_n \end{cases} \tag{4.1}$$

其中满足条件：

（1）$m \leqslant p$；

（2）$\mathrm{cov}(F, \varepsilon) = 0$；

（3）$\mathrm{var}(F) = \mathrm{Im}$，$\mathrm{var}(\varepsilon) = \mathrm{diag}(\sigma_1^2, \cdots, \sigma_n^2)$。

则 F_1，F_2，…，F_m 即代表公共因子，是不可观测的变量。a_{ij} 称为因子载荷。ε_1 是特殊因子，是不能被前 m 个公共因子包含的部分。

因子分析模型的求解步骤如下[135]：

（1）选择分析的变量。因子分析的前提条件是观测变量间有较强的相关性。

（2）相关性分析。考察原始变量之间是否存在较强的相关关系，是否适合进行因子分析。相关性分析的方法主要有：1）相关系数矩阵；2）反映像相关矩阵；3）巴特莱特球度检验（Bartelett Test of Sphericity）；4）KMO（Kaiser-Meyer-Olkin）检验。

（3）提取公因子。确定因子求解的方法和因子个数。可以根据方差大于1（或特征值大于1）来确定因子个数，也可根据因子的累计方差贡献率来确定。

（4）因子旋转。通过坐标变换使每个原始变量在尽可能少的因子之间有密切的关系。一般有正交旋转和斜交旋转两种方法。

（5）计算因子得分。因子分析法不仅可以消除指标体系中变量间的信息重叠，还可以提取关键因子，建立新的指标体系。新的指标体系消除了原变量中的相关性，将由多因素构成的问题表示为少数几个公共因子的线性函数和特殊因子之和。

本书采用专家调查法与统计分析法对矿建工程风险因素进行识别。首先在文献研究的基础上，设计和发放风险调查问卷，通过问卷征询相关专家意见来发现矿建工程项目中可能存在的风险；再对回收的问卷进行分析，利用因子分析法消除风险变量间的线性相关，对风险因素进行过滤和分类，识别出关键的风险因素，为风险评估、风险应对和风险监控创造前提条件。

4.2 矿建工程项目风险因素识别问卷设计

矿建工程项目是特定的一种工程类型，因此，一般工程项目所包含的风险因素也可能是矿建工程项目的风险因素。同时，矿建工程项目作为特定类型的一类工程，又有自身的特殊性，因而也必然具有不同于其他工程类型的特殊风险因素。

本书采用问卷调查的方法识别矿建工程项目中的风险因素。在借鉴已有的国内外工程项目风险因素研究成果的基础上，结合矿建工程项目的特点，对各因素进行了必要的修正，设计出了矿建工程项目风险因素调查问卷。问卷采用 Likert-type 七点量表形式，采用正方向记分评价方式。采用该自行设计的问卷作为研究工具，对矿建工程项目的风险因素进行问卷调查。

4.2.1 问卷的设计过程

为保证问卷的有效性，本问卷的设计过程经历了搜集可能因素、确定风险因素集和识别关键因素 3 个步骤（见图 4.1）。

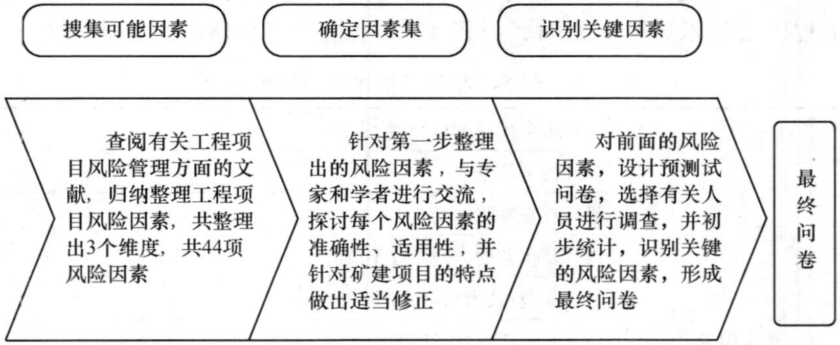

图 4.1 矿建工程项目风险调查问卷设计过程

4.2.1.1 搜集可能因素

为了进行本项研究，作者首先查阅了大量的有关工程项目风险的国内外文献资料，共整理出技术因素、组织管理因素、环境条件因素 3 个维度，共 44 个项目风险因素，形成最初的工程项目风险因素集。

技术因素是指在项目的设计和施工过程中，未能及时从设计、施工等技术方面对项目存在的风险因素进行识别和控制，从而可能给工程项目带来工期、质量、成本等方面的损失。

于军在工程项目技术风险下设置了设计的可靠性与可行性、勘测的准确性、施工的技术难度与工期、设备出现故障的不确定性 4 个指标[136]。

卿姚、王月明总结了部分学者的研究，指出了存在 3 个方面的技术风险因素：

（1）由于设计内容不全、设计缺陷、错误遗漏、规范选用不恰当等设计原因引发的技术风险；

(2) 由于施工工艺落后、不合理的施工技术和方案、施工安全措施不当等施工原因引发的技术风险；

(3) 其他原因的技术风险[104]。

孙斌、田水承、常心坦指出技术风险包括设计严重缺陷、设计不完善、技术方案不合理、新技术未经充分检验、制造工艺落后等[137]。

在广泛吸收现有研究成果和专家访谈的基础上，本书在研究矿建工程项目技术风险因素时，设置了 11 个指标，具体内容见表 4.1。

表 4.1 矿建工程项目技术风险因素指标

技术因素	设计未考虑施工可能性
	设计内容不全
	设计存在缺陷
	设计新工艺的应用条件不成熟
	设计规范/技术指标采用不恰当
	设计与地质条件不匹配
	不能按时提供需要的设计文件
	施工技术难度大
	不合理的施工技术工艺
	施工技术工艺的可靠性差，工艺流程不合理
	应用新技术新方案的失败

组织管理因素是指在工程项目实施过程中，为实现工程项目的成本、质量、进度、安全等目标，而对项目进行必要的组织、协调和控制，这些措施或因素的不确定性可能给项目带来不同程度的影响。

于军认为项目管理人员的能力及稳定性、施工人员的素质、能源供应的不确定性对项目具有重要影响[136]。

孙斌、田水承、常心坦认为管理风险包括管理机构或管理机制不合理，决策或判断失职/失误/疏忽等[137]。

李晓宇将工程项目的管理风险分为人力资源状况、项目经理素质、组织结构、项目成员团结与协作状况、项目成员效率与积极性状况等因素[138]。

Jiahao Zeng 等将材料因素作为建筑工程项目风险评估中一项十分重要的因素，认为材料风险因素包括设计材料的可得性、材料的质量以及可保障性[139]。

卿姚、王月明总结了工程项目风险管理中存在的管理风险，认为存在以下几种：

（1）组织协调不善引发的风险，包括业主内部的协调、业主与设计单位的协调以及施工单位与监理单位的协调；

（2）合同引发的风险，包括合同条款遗漏、承发包模式选择不当、合同纠纷等；

（3）资金筹措方式不合理、资金短缺等原因引发的财务风险；

（4）人员素质引发的风险。由于业主、设计人员、监理人员、技术人员以及管理人员的素质等引发的风险；

（5）原材料引发的风险。原材料的供货不足或拖延、数量差错、质量规格以及新型材料、特殊材料使用不当引发的风险；

（6）施工设备引发的风险。施工设备供应不足、设备故障或安装失误引发的风险[104]。

本书设计的组织管理因素包括26个指标，具体内容见表4.2。

表4.2 矿建工程项目组织管理风险因素指标

组织管理因素	参与各方缺少沟通与协作
	相应的监督激励措施缺失
	招投标过程不规范
	计价方式约定不清
	进度款支付方式约定模糊
	承发包方式选择不当
	业主要求修改已确定的设计方案
	业主提供的资料不完全/要求不明确
	施工现场管理不规范
	施工安全保护措施存在漏洞
	现场不具备施工条件
	资金筹措困难
	设计人员缺乏相关设计经验

续表 4.2

组织管理因素	监理工程师的协调管理能力不足
	监理工程师缺少相关工程的监理经验
	业主管理人员缺少必要的能力和项目经验
	项目经理缺乏相关的项目经验
	项目经理的管理水平不高
	施工技术人员的技术、能力和水平不高
	承包商（供应商）履约能力低
	工作人员对成本/质量/进度/安全的认识不足
	设备材料质量缺陷
	材料设备未能按约定时间送到施工现场
	材料设备型号/规格出现差错
	新型特殊材料设备使用不当
	机械设备效率不高

环境条件因素是指项目实施过程中，由于项目涉及的环境原因（包括天气、地质、经济等）可能导致项目的不确定性。卿姚、王月明认为工程项目的环境风险包括：

（1）不可抗拒的自然力、恶劣的天气和复杂的工程地质条件等自然与环境因素引发的风险；

（2）政治、法律、经济因素引发的风险[104]。

考虑到矿建工程项目的特殊性，在广泛吸收现有研究成果的基础上，并根据专家提出的意见，本书设计的环境条件因素包括 7 个指标，具体内容见表 4.3。

表 4.3 矿建工程项目环境风险因素指标

环境条件	发生不可抗力因素（地震、台风、洪水等）
	恶劣的天气条件（高温、暴雨等）
	国家相关政策重大调整
	利益相关者的阻力
	利率/汇率波动大
	宏观经济波动
	工程地质条件与勘探资料差异

4.2.1.2 确定矿建工程项目风险因素集

对第一步整理出的44个风险因素，通过与有经验的专家和学者交流，探讨每个因素的准确性。这一步的主要目的是：

（1）借助工程人员的经验，补充完善矿建工程项目风险因素；

（2）就最初的44个因素向项目管理人员征询意见，检查设计的风险因素是否合理。

在此期间，研究人员走访了4个煤矿15位项目管理人员以及5位矿建领域内的专家学者，倾听他们对第一步整理的风险因素的看法，以及搜集他们对矿建工程项目风险的观点。在此基础上，对前面风险因素进行整理，最终形成3个维度、39项风险因素。

通过交流和沟通，对第一步形成的44项风险因素做出的修改：

（1）合并修改部分相关性较强的因素。

（2）修改部分因素，这样使问题更简洁明确。

（3）删除部分超出项目管理的因素。

（4）增加矿建工程实际和特有的一些因素。

4.2.1.3 筛选重要风险因素

通过问卷调查的方法，借助专家学者的经验，从第二步形成的39项风险因素中，识别出关键的矿建工程项目风险因素，作为最终调查问卷的依据。

首先，本着相关、简洁、礼貌、定量准确、方便等原则，本书依据第二步确定的39项风险因素，形成预测试问卷，问卷由两部分内容构成：一是风险因素的影响程度，反映的是如果该风险因素发生，对项目的影响程度；二是风险因素的发生可能性，反映该风险因素发生可能性的高低。问卷采取Likert-type七点量表形式。预测试的目的是识别关键的矿建工程项目风险因素，从而形成最终调查问卷的主要因素。

其次，选择合适的测试人员使用预测试问卷进行调查。测试人员的选择对答题质量有着重要影响，因此必须选择有经验的煤矿建设管理人员进行预测试，我们选择了 8 个在建或新建的煤矿矿井的建设管理人员、监理人员以及施工人员，1 个集团职能管理部门，共发放问卷 90 份，收回 85 份，其中有效问卷 65 份，有效回收率为 72.2%。无效问卷主要是因为答题者未按照要求作答或者出现答案完全相同的问卷（视为 1 份）。

问卷回收后，按照风险因素的发生可能性和影响程度进行分别统计，剔除重复数据，并对各项因素的均值和方差进行统计（统计结果见附录 1），利用风险因素的发生可能性和影响程度的均值和方差筛选出关键的矿建工程项目风险因素。筛选标准如下：

（1）对影响程度均值小于 4（一般）和方差小于 1.5 的因素，是被一致认为影响小的因素；对于发生可能性均值小于 3（较小）和方差小于 1.5 的因素，是被一致认为发生可能性较小的因素。把一致认为影响程度和发生可能性都较小的影响因素认为是风险管理中较不重要的因素，予以删除。

（2）影响程度均值小于 2（轻微影响），方差小于 1.5 的因素是一致认为对项目影响很小的因素；发生可能性小于 2（可能性很小），方差小于 1.5 的因素是被一致认为发生概率很小的因素，满足这两项条件之一者则被认为是不重要的因素，予以删除。

按照上述两个条件对风险因素分析删除后，得到了矿建工程项目关键的风险因素共 28 项，见表 4.4。

表 4.4　关键的风险因素

一级因素	二 级 因 素	序号
技术因素	设计未考虑施工可能性	v1
	设计存在缺陷和失误	v2
	设计规范/技术指标采用不恰当	v3
	不合理的施工技术	v4
	不合理的施工工艺	v5
	井筒/巷道开拓方式不合理	v6
	井筒/巷道支护方式不合理	v7

续表 4.4

一级因素	二 级 因 素	序号
组织管理因素	业主管理人员的管理能力和经验与项目要求不符	v8
	项目经理的能力和管理水平与项目要求不符	v9
	施工技术人员的技术、能力、水平与项目要求不符	v10
	承包商（供应商）履约能力低	v11
	材料设备质量不符合要求	v12
	材料设备未能按约定时间送到施工现场	v13
	材料设备型号、规格出现差错	v14
	新型特殊材料设备使用不当	v15
	合同内容不完备，要求不明确	v16
	施工安全保护措施存在漏洞	v17
	施工现场管理不规范	v18
	参与各方缺少沟通与协作	v19
	业主提供的资料不完全、要求不明确	v20
	相应的监督激励措施不健全	v21
	招投标过程不规范	v22
环境因素	国家相关政策重大调整	v23
	利益相关者的阻力	v24
	宏观经济波动	v25
	工程地质条件与勘探差异	v26
	瓦斯、煤尘、地压等灾害	v27
	恶劣的天气条件（高温、暴雨等）	v28

经过上面3个步骤后，把最终的28项风险因素，编制形成最终测试问卷（附录2）。

4.2.2 最终问卷的基本内容

本书设计的矿建工程项目风险因素调研问卷主要包括两部分内容：

（1）背景资料：主要包括煤矿基本信息和答卷人员的背景资料。

煤矿基本信息由项目完工情况、计划工期、投资概算、设计产量、矿井开拓方式、矿井施工方法、服务年限等信息组成。答卷人员的背景资料由所属部门、年龄、职位类别、文化程度、参与项目的时间等信息组成。

Vincent（1976）认为在问卷的开头安排简单易答的问题，不但能使调查顺利，而且能够提高被调查者对问卷的兴趣。背景资料等问题一般填写相对容易，且不易引起填写者的警惕或抵触。因此本书根据 Vincent 的建议，将背景资料部分放在问卷的前面。

（2）项目风险因素：这是调研问卷的主要内容，其中又包括两个方面：

1）项目风险因素的重要性估计，即发生该风险因素，会对项目产生影响的程度估计；

2）项目风险因素的发生概率估计，是对该项目风险因素发生的可能性做出判断。

4.3 矿建工程项目关键风险因素识别

识别风险关键要素，认识风险的本质对矿建工程项目风险管理工作具有重要的意义。本章将在数据整理与初步推断的基础上，利用 SPSS11.0 软件，采用因子分析方法对各个关键风险因素的关系进行分析。

4.3.1 基础数据收集与初步整理

4.3.1.1 问卷的发放与回收

本研究以煤矿建设项目为主要研究对象，选取我国大型煤炭企业集团下的新建煤矿进行问卷调查。从 2009 年 9 月起至 2009 年 12 月，研究人员先后选取了新汶、开滦、淮北 3 个煤炭企业集团下的 17 个新建（建成 2 年内）或在建煤矿的管理、技术人员和中煤三建的 20 位项目施工管理人员进行问卷调查，共发放问卷 275 份，收回问卷 242 份，经过初步筛选，剔除不合格问卷 76 份，最终获得有效问卷 166 份，有效回收率为 60.4%。

4.3.1.2 数据整理与初步推断

问卷回收后，本书首先对问卷进行了初步整理，剔除不合格的问卷。问卷的初步整理主要经过了以下几个步骤：

（1）剔除重复数据。因为部分问卷是下发到每个矿上的人员集中填写，因此可能存在数据重复的现象，对此，本书通过求风险因素影响程度数据和发生可能性数据的平方根，对重复的数据予以剔除。

（2）数据的预处理。

1）因素发生可能性的处理。本研究采用公式（4.2）对发生可能性的数据进行处理：

$$p_i = \frac{q_i}{\sum_{i=1}^{7} i} \tag{4.2}$$

式中，p_i 表示第 i 个人在该指标下的评分。

2）对因素风险的处理。根据第1章中的阐述，风险一般表示为 $R = p \times L$，即风险发生概率与风险损失的乘积，因此本书在对调查数据的处理中，采用此思路，采用因素影响程度与因素发生可能性的乘积进行后续的分析。

4.3.2 量表的信度与效度

4.3.2.1 信度分析

所谓信度，即测量可靠性，指的是一份测验所得结果的一致性或稳定性，它是衡量数据质量的一个重要的指标，表示测验内部试题间是否相互符合，或是不同测验时点下，测验结果前后的一致程度。信度是一种程度的概念，统计学中通常使用内部一致性系数——Cronbach's a 来检验样本数据的信度，Cronbach's a 值越大，表示信度越高，其公式如下：

$$a = \left(\frac{k}{k-1}\right)\left(1 - \sum \frac{s_i^2}{s^2}\right) \tag{4.3}$$

式中，k 表示该测验所包含的项目数；s_i^2 表示每一项目分数的变异量；s^2 表示测验总分的变异量。

美国统计学家 Joseph F. Hair Jr.（1998）认为，若 Cronbach α 值大于0.7，表明数据具有较高的信度；在计量尺度中的项目数小于6个时，若 Cronbach α 值大于0.6，表明数据信度也可以接受。在做内部一致性检验时，如果项目与量表总分的相关值（Corrected Item-Total Correlation）小于0.2，则考虑删除该项目；如果删除某项目可以显著提高 Cronbach α 值，则也应该考虑删除此题项。下面，我们使用 SPSS 软件，计算了各变量的内部一致性系数值，并根据检验结果分析是否删除题项。

A　技术因素量表信度分析

技术因素量表的信度分析结果见表4.5。

表4.5　技术因素量表信度分析

因素	变量	校正的项总计相关性	项已删除的 Cronbach's Alpha 值	Cronbach's Alpha
技术因素	v1	0.585	0.802	0.832
	v2	0.544	0.808	
	v3	0.569	0.806	
	v4	0.555	0.807	
	v5	0.566	0.805	
	v6	0.611	0.799	
	v7	0.615	0.798	

技术因素 Cronbach's α 值为0.832，所属的7个指标与量表总分相关性在0.544～0.615之间，均已超过0.2的标准。所属的每个题项删除以后的 Cronbach's α 值介于0.798～0.807之间，删除每一项均不能提高总体的 Cronbach's α 值，说明技术因素量表数据具有较高的信度。

B　组织管理因素量表分析

组织管理因素量表的信度分析结果见表4.6。

组织管理因素 Cronbach's α 值为0.927，所属的15个指标与量表总分相关性在0.554～0.729之间，均已超过0.2的标准。所属的每个题项删除以后的 Cronbach's α 值介于0.919～0.924之间，删除每一项均不能提高总体的 Cronbach's a 值，说明组织管理因素量表数据具有较高的信度。

表 4.6 组织管理因素量表信度分析

因素		校正的项总计相关性	项已删除的 Cronbach's Alpha 值	Cronbach's Alpha
组织管理因素	v8	0.65	0.921	0.927
	v9	0.729	0.919	
	v10	0.671	0.92	
	v11	0.697	0.92	
	v12	0.573	0.924	
	v13	0.61	0.923	
	v14	0.554	0.924	
	v15	0.622	0.922	
	v16	0.639	0.922	
	v17	0.715	0.919	
	v18	0.636	0.922	
	v19	0.562	0.924	
	v20	0.709	0.919	
	v21	0.719	0.919	
	v22	0.675	0.92	

C 环境因素量表信度分析

环境因素量表的信度分析结果见表 4.7。

表 4.7 环境因素量表信度分析

因素		校正的项总计相关性	项已删除的 Cronbach's Alpha 值	Cronbach's Alpha
环境因素	v23	0.652	0.888	0.899
	v24	0.623	0.893	
	v25	0.626	0.891	
	v26	0.767	0.87	
	v27	0.867	0.852	
	v28	0.853	0.854	

环境因素 Cronbach's a 值为 0.899。所属的 6 个指标与量表总分相关性在 0.623 ~0.867 之间，均已超过 0.2 的标准。所属的每个题项删除以后的 Cronbach's a 值介于 0.852 ~0.893 之间，删除每一项均不能提高总体的 Cronbach's a 值，说明环境因素量表数据具有较高的信度。

由以上可知，量表使用的各因素的 Cronbach's a 值皆大于 0.7，项目与总分的相关系数皆大于 0.2 的水平，删除任何一项皆不能提高量表的 Cronbach's a 值，因此，该量表数据具有较高的信度。

4.3.2.2 效度分析

效度是指测量结果的正确性，表示的是测量工具确实能够实现其欲测量结果的程度。测量的效度越高，表示测量的结果越能显现其所欲测量内容的真正特征。一般而言，问卷的效度可以分为三种：内容效度、效标关联效度和建构效度。

（1）内容效度（content validity）是指量表涵盖研究主题的程度，强调测量内容的广度、涵盖性和丰富性，主要是指测量工具是否可以真正测量到研究者所要测量的变量；测量工具是否涵盖了所要测量的变量。为了获得足够的内容效度，要特别注意设计量表时应遵循的程序和规则。

（2）效标关联效度（criterion- related validity）又称实证效度（empirical validity）或统计效度（statistical validity）。效标关联效度是以测验分数之间的相关系数表示测量工具的有效性的高低。其最关键的问题是效标的选用。效标必须能够反映测量分数内涵与特质，必须是为一般社会大众或一般研究者接受的能够具体反映特定内涵的指标。效标关联效度按照发生的时间顺序又可分为同时效度与预测效度。

（3）建构效度（construct validity）是指测量工具能理论上测量一个抽象概念或特质的程度。建构效度分为两种：收敛效度（convergent validity）与区别效度（discriminant validity）。收敛效度是指相同概念里的项目，彼此之间相关度高。区别效度是指不同概念里的项目，彼此相关度低。

传统用来评估效度的技术主要包括了相关分析、回归分析、因子分析、多重特质多重方法矩阵（MTMM）等。近年来，有越来越多的学者运用结构方程模型来进行效度的测量。

对于内容效度的检查，现在缺乏实证评估的指标，一般需要以判断法来进行检查。本问卷内容是通过文献研究查阅得到，并且经过专家访谈修正，同时，为了使问卷内容更具完整性，题意更加清楚明了，问卷初稿进行了预测试，从而使问卷内容可以更完整、准确。因此，可以认为本量表具有较高的内容效度。

对于建构效度的衡量，Kerlinger（1986）提出两个方法：（1）项目总分相关系数（corrected item-total correlation）作为验证量表的建构效度指标。项目总分相关系数是每一个题目与其他题目加总后的总分（不含该题目本身）的相关系数。当项目总分相关系数显著时，则代表该量表具有良好的建构效度，而当个别项目与总分的相关系数不显著时，则应将个别项目去除。（2）因子分析法。同一构面中，因子负荷值越大（通常为0.5以上），表示收敛效度越高；每一个项目只能在其所属的构面中，出现一个大于0.5以上的因子负荷值，符合这个条件的项目越多，则量表的区别效度越高。

在建构效度方面，本书采用Kerlinger（1986）的建议，采用因子分析法，来验证问卷的建构效度。

4.3.3 因子分析

因子分析的目的是用少量因子代替多个原始变量，本书采用因子分析法中的主成分分析法。因子的旋转方式有直交旋转和斜交旋转，直交旋转适合公共因子相互独立的情形。经济社会实际中，许多因素很难满足这一条件，因此本书采用斜交旋转法，并将特征值大于1作为因子提取的标准。

在做因子分析之前，需要使用KMO（Kaiser-Meyer-Olkin measure of samplingadequacy，KMO取样适当性数值）测度来检验数据是否适合做因子分析。一般而言，KMO值介于0~1之间，当KMO值越大时，越适合做因子分析；KMO过小，则不适合做因子分析。根据Kaiser（1974）的观点，KMO值在0.9以上，非常适合；KMO值在0.8~0.9之间，很适合；KMO值在0.7~0.8之间，适合；KMO值在0.6~0.7之间，不太适合；KMO值在0.5~0.6之间，很勉强；KMO值在0.5以下，不适合。

4.3.3.1 技术因素的因子分析

表4.8数据显示KMO值为0.784，Bartlett's值为469.012，自由度（df）为28，显著性概率为0.000，小于1%，达到显著水平。以上结果表明，KMO样本测度结果显著，该数据的相关阵不是单位阵，样本数据适合做因子分析。

表4.8 KMO和Bartlett的检验

取样足够度的Kaiser-Meyer-Olkin度量		0.784
Bartlett的球形度检验	近似卡方	469.012
	df	28
	Sig.	0

用SPSS软件以主成分分析法对技术因素量表数据进行因子分析。本书对样本数据进行最优斜交（promax）旋转，以提取公因子，提取方法为特征值大于1。经过3次旋转后，最终提取了2个因子，解释总方差的61.468%（表4.9）。经旋转后的因子载荷矩阵见表4.10。

表4.9 技术因素总方差

成分	提取平方和载入		
	特征值	方差贡献率	累积贡献率
1	3.646	45.574	45.574
2	1.272	15.894	61.468

表4.10 技术因素因子载荷矩阵

变量	成分1	成分2
v4	0.893	-0.103
v5	0.832	-0.081
v6	0.795	-0.041
v7	0.651	0.187
v2	0.007	0.849
v3	0.024	0.84
v1	-0.156	0.727

注：1. 提取方法：主成分分析法。

旋转法：具有Kaiser标准化的倾斜旋转法。

2. 旋转在3次迭代后收敛。

表4.10的数据显示各因子的因子载荷在0.651～0.893之间，并且每个因子在其他维度中的载荷值都小于0.2，说明因子的区别效度和聚敛效度均较好。其中设计未考虑施工可能性、设计存在缺陷和失误、设计规范/技术指标采用不恰当3个指标归结为一个因子，这些因素主要是由于项目设计带来的风险，可以称为设计技术因子；不合理的施工技术、不合理的施工工艺、井筒/巷道开拓方式不合理和井筒/巷道支护方式不合理归结为一个因子，这些主要由于项目施工带来的风险，可以称为施工技术因子。

矿井建设项目中，由于设计技术的选择决定着施工技术、施工管理方式的选择，从而决定了项目的质量、成本和工期，因此，一旦设计技术存在风险，就会影响到项目的质量、成本和工期，其影响的严重程度是很高的。而整个项目建设周期内所采取的技术方案、工艺流程、开拓方式、支护方式、检测手段等施工技术方法的正确与否，是直接影响工程项目的进度控制、质量控制和成本控制三大目标能否实现的关键。例如工艺方案的缺陷，施工方案考虑不周进而拖延进度，影响质量，增加成本。因此，设计技术和施工技术因素都是影响矿建工程项目风险的关键因素。由于设计技术风险和施工技术风险分别来源于设计方和施工方，分属于不同的项目主体，通过对调查数据的因子分析，将技术因素分为了设计技术和施工技术两个因子，更好地反映了矿建工程项目技术方面的风险来源。

4.3.3.2 管理因素的因子分析

表4.11数据显示KMO值为0.885，Bartlett's值为1548.664，自由度（df）为105，显著性概率为0.000，小于1%，达到显著水平。以上结果表明，KMO样本测度结果显著，样本数据适合做因子分析。

表4.11 KMO和Bartlett的检验

取样足够度的 Kaiser-Meyer-Olkin 度量		0.885
Bartlett 的球形度检验	近似卡方	1548.664
	df	105
	Sig.	0.000

对样本数据进行因子分析，使用最优斜交（promax）旋转，因

子提取方法为特征值大于1。经过6次迭代后，最终提取了3个因子，解释总方差的67.795%（表4.12）。经旋转后的因子载荷矩阵见表4.13。

表4.12 组织管理因素总方差

成分	提取平方和载入		
	特征值	方差贡献率	累积贡献率
1	7.474	49.828	49.828
2	1.615	10.766	60.594
3	1.080	7.201	67.795

表4.13 因子载荷矩阵

因素	成 分		
	1	2	3
v21	0.899	-0.203	0.107
v20	0.781	-0.219	0.165
v17	0.754	0.135	-0.070
v16	0.744	-0.047	0.104
v19	0.730	0.230	-0.106
v18	0.718	0.206	-0.058
v22	0.691	0.264	-0.104
v8	-0.118	0.873	0.097
v10	0.046	0.828	-0.012
v11	-0.022	0.765	0.087
v9	0.150	0.755	-0.009
v14	0.098	-0.056	0.874
v15	0.030	0.015	0.790
v12	0.025	0.053	0.774
v13	-0.095	0.363	0.601

注：1. 提取方法：主成分分析法。
旋转法：具有 Kaiser 标准化的倾斜旋转法。
2. 旋转在6次迭代后收敛。

表4.13的数据显示各因子的因子载荷在0.601～0.899之间，并且每个因子在其他维度中的载荷值都小于0.4，说明因子的区别效度和聚敛效度均较好。其中业主管理人员的管理能力和经验与项目要求不符、项目经理的能力和管理水平与项目要求不符、施工人员的技术/能力/水平与项目要求不符、承包商（供应商）履约能力低归结为一个因子，这些主要是围绕人的能力和水平，可以称为人员能力水平因子；材料设备质量不符合要求、材料设备未能按约定时间送到施工现场、材料设备型号/规格出现差错、新型特殊材料设备使用不当归结为一个因子，这些主要是从设备材料的角度考察风险因素，可以称为材料设备因子；合同内容不完备、要求不明确，施工安全保护措施存在漏洞，施工现场管理不规范，参与各方缺少沟通与协作，业主提供的资料不完全/要求不明确，相应的监督激励措施不健全，招投标过程不规范归结为一个因子，这些主要围绕项目的施工组织管理方面考察风险因素，可以称为组织管理因子。

矿井建设项目中的管理包括对人、材料设备、施工现场等的管理，减少管理方面风险的前提是人员的能力水平较高，材料的质量、设备的型号/规格等符合要求，当然这就需要建立各种管理制度和措施来加强对人、材料、设备的组织和管理。通过对调查数据的因子分析，管理因素被分为了人员能力水平、材料设备、组织管理三个因子，更好地反映了矿建工程项目管理的风险来源。

人作为项目实施的主体，具有重要作用。材料设备只有经过人员施工才能变成项目实体。在施工过程中，领导者的素质和管理能力、技术人员的技术水平以及人的错误行为和违纪违章等，都对项目产生影响。同时人作为风险管理的主体，只有设置合理的激励约束机制，充分调动参建各方的积极能动性，才能进行有效的风险管理，参建各方任何一方的疏忽和错误，都会导致风险管理工作的失败。

材料设备是工程施工的物质条件，没有材料设备就构不成工程项目实体。材料的质量是项目质量的基础，材料不合格，工程质量也就不可能符合要求。因此材料的管理对于工程项目十分重要。机器设备是现代项目施工必不可少的设施，设备的选用也是影响工程目标的因素之一。在矿建工程项目中，一定要加强材料设备的管理。

项目的组织管理是整个项目按照计划顺利进行的黏合剂，能够充分调动人的积极性，组织管理人员把材料形成工程项目实体，同时对偏离项目目标的行为加以纠正，以保证项目目标的顺利实现。因此，一定要对项目的施工过程加强组织管理。

4. 3. 3. 3 环境因素的因子分析

表4. 14 数据显示 KMO 值为0. 832，Bartlett's 值为799. 428，自由度（df）为15，显著性概率为0. 000，小于1%，达到显著水平。以上结果表明，KMO 样本测度结果显著，样本数据适合做因子分析。

表4. 14 KMO 和 Bartlett 的检验

取样足够度的 Kaiser-Meyer-Olkin 度量		0. 832
Bartlett 的球形度检验	近似卡方	779. 428
	df	15
	Sig.	0. 000

对样本数据进行因子分析，经过 3 次旋转，结果抽取了 2 个因子，解释总方差的83. 479%（表4. 15）。经旋转后的因子载荷矩阵见表4. 16。

表4. 15 环境因子总方差

成分	提取平方和载入		
	特征值	方差贡献率	累积贡献率
1	4. 000	66. 670	66. 670
2	1. 009	16. 810	83. 479

表4. 16 因子载荷矩阵

因 素	成 分	
	1	2
v26	0. 990	-0. 089
v27	0. 929	0. 049
v28	0. 906	0. 087
v25	-0. 044	0. 922

续表4.16

因 素	成 分	
	1	2
v23	0.011	0.850
v24	0.063	0.826

注：1. 提取方法：主成分分析法；
旋转法：具有 Kaiser 标准化的倾斜旋转法。
2. 旋转在 3 次迭代后收敛。

表4.16的数据显示各因子的因子载荷在0.826~0.990之间，并且每个因子在其他维度中的载荷值都小于0.1，说明因子的区别效度和聚敛效度均较好。其中国家相关政策、利益相关者的阻力和宏观经济波动归结为一个因子，这些从宏观的经济社会方面描述风险，因此称为社会经济因子；工程地质条件与勘探差异、瓦斯/煤尘/地压等地质灾害、恶劣的天气条件（高温、暴雨等）归结为一个因子，这些从自然环境方面描述风险，因此称为自然环境因子。

矿建工程项目涉及的环境因素多，因素复杂多变，对工程目标影响大。宏观经济变化、国家政策变动等都会对工程项目产生影响，并且由于我国大多为井工矿井，工作环境较恶劣，特别是工程地质条件对工程的影响巨大，瓦斯爆炸、煤与瓦斯突出、突水等事故时有发生，不仅严重影响到工程项目目标，而且大多易造成生命财产损失。因此，必须采取严格有效的风险管理措施，严防这类风险发生。

总之，工程项目实体的形成，离不开“人、材料、机械设备、方法与环境”五大方面[140]，即4M1E（man，material，machine，method，environment）。只有严格控制这些因素，才能确保工程项目产品的最终质量。本书通过应用实地调查和统计分析相结合的方法，识别出了矿建工程项目的关键风险因子：设计技术因子、施工技术因子、人员能力水平因子、材料设备因子、组织管理因子、社会经济因子和自然环境因子七大方面（因子），一方面印证了4M1E在矿建工程项目的适用性，另一方面也是对4M1E在矿建工程项目的扩展和深化。不仅可以为评估矿建工程项目的风险提供指标和依据，而且能够为矿建工程项目风险应对措施的制定指明方向。

4.4 本章小结

本章首先在文献研究的基础上，设计和发放风险调查问卷，通过调查问卷中比较详尽而有启发性的问题来发现矿建工程项目中可能存在的风险，再对回收的问卷进行统计分析，识别出关键的风险因素，并利用因子分析法消除风险因素间的线性相关关系。识别出的矿建工程项目的关键风险因子包括：设计技术因子、施工技术因子、人员能力水平因子、材料设备因子、组织管理因子、社会经济因子和自然环境因子七个方面（因子），为风险评估以及后续的风险应对创造前提条件。

5 矿建工程项目风险评估研究

本章在建立矿建工程项目风险评估指标体系、评估内容及思路的基础上，对矿建工程项目风险评估方法进行探讨，将未确知测度引入矿建工程项目风险评估，实现矿建工程项目风险的定量化评估。

上一章识别出的矿建工程项目的关键风险因素，在一定程度上揭示了矿建工程项目风险的特征。但是，要完整刻画矿建工程项目风险的面貌，还需要在风险识别的基础上，进一步对这些关键因素进行分析和评估。为此，本章首先建立矿建工程项目风险评估指标体系，然后确定了矿建工程项目风险评估的内容及思路，接着对矿建工程项目风险评估的方法进行研究，针对矿建工程项目风险特点，选择专家意见法来确定矿建工程项目风险评估指标值，选择未确知测度模型进行矿建工程项目风险评估，将信息熵理论和未确知测度理论引入矿建工程项目风险评估的过程中，构建基于未确知测度的矿建工程项目风险评估模型，从而将风险数据转化为风险决策信息，构建起风险识别和风险控制之间的桥梁。

风险评估是在风险识别的基础上，对具体的危险源发生概率和可能造成后果的严重程度进行定性或定量的分析和评价，它是风险管理不可缺少的关键环节，是介于风险识别和风险决策之间的环节，目的是将各种风险因素对项目的影响程度尽量给予量化描述，以使风险管理者全面掌控风险，使工程项目风险管理建立在科学的基础上，为提出正确的风险对策和管理措施提供依据。

5.1 矿建工程项目风险评估指标体系

5.1.1 矿建工程项目风险评估指标体系构建原则

指标体系的构建是风险评估的基础，指标体系构建时一是要注重单个指标的检验；二是要注重整个指标体系的检验[141]，也就是要兼顾单个指标的代表性和指标体系的全面性。在具体设计时遵循了以下原则[142]：

（1）系统性和科学性。对矿建工程项目风险进行评价不能只考虑某一单项因素，必须采取系统设计、系统评价的原则，才能全面、客观、合理地对其风险大小进行评估。指标体系的设计要遵循实事求是的原则，客观真实地反映被评价对象的风险状态。

（2）全面性与独立性相结合的原则。指标体系作为一个有机整体，应从不同角度反映被评价对象的特征和风险趋势，不能遗漏主要方面或有所偏颇，否则评价结果就有失全面性和真实性。但如果指标独立性差，相互兼容、重叠，评价结果的准确性和合理性就会大打折扣。因此，在指标体系的设计中应遵循全面性与独立性相结合的原则。

（3）简明性和可行性原则。指标设置应注意指标含义的清晰度，尽量避免产生误解和歧义。指标应与评价模型、评价方法相一致，适应于风险评估者对指标的接受程度和判断能力。另外，还应考虑指标数量得当，不宜过于繁琐，避免因陷于过多细节而未能把握评价对象的本质，从而影响评价的准确性；应具有较强的代表性，避免相同或相近的指标重复出现。

（4）可测性原则。评价指标应尽量易于量化处理，用具体数值标示出各限制范围或水平，以便于判断和评价，不宜采用抽象程度过高或过于宽泛的指标。

5.1.2 矿建工程项目风险评估指标体系的建立

一般来说，指标体系的建立，可运用频度统计法、理论分析法、专家咨询法来设置、筛选指标。其中，频度统计法是对目前相关研究的报告、文章进行频度统计，选择那些使用频度较高的指标；理论分析法是根据所研究对象的内涵、特征进行分析综合，设置和选择那些重要的特征指标；专家咨询法是在初步提出评价指标的基础上，征询有关专家的意见，对指标进行调整。整个评价指标体系生成过程如图5.1所示。

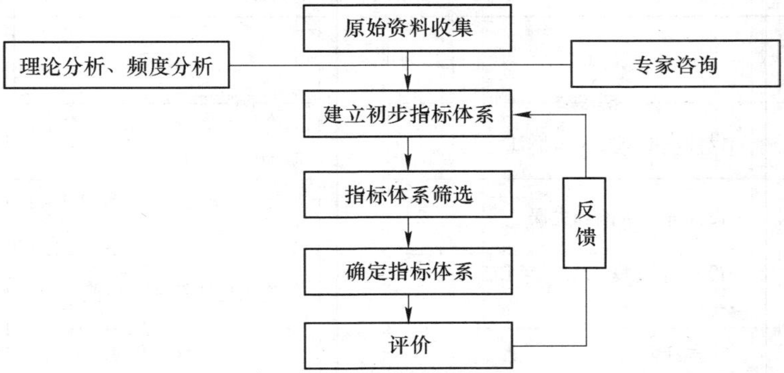

图 5.1 评价指标体系生成过程

本书第 4 章通过专家调查法与统计分析法相结合识别出了矿建工程项目的关键风险因素，并通过因子分析聚合成了几个关键因子，整个过程与上面提出的评价指标体系生成过程是一致的，因此可以作为矿建工程项目风险评估的指标体系。

由第 4 章的分析可知，按照系统的观点，技术、组织管理、环境等方面的因素既包括了矿建工程项目系统组成的各个方面，又分别反映了系统不同方面的特征。从设计技术、施工技术、人员能力、设备材料、组织管理状况、经济社会环境和自然环境等因子所包含的具体风险因素看，各因素所反映的都是矿建工程项目风险系统不同具体方面的特征。从对子量表区别效度的分析结果也可看出，各指标之间是有区别的，是不可相互替代的。因此，第 4 章通过因子分析所得出的关键风险因素集，消除了原变量中的相关性影响，兼顾了单个指标的代表性和指标体系的全面性。以此作为矿建工程项目风险评估指标体系，可以提高风险评估的准确性。

同时，因为第 4 章通过统计分析所得出的关键风险因素集中，各指标是根据矿建工程项目的特征，并在相关文献研究成果和专家访谈结果的基础上，通过问卷调查和统计分析得出的，所以作为矿建工程项目风险评估指标也符合简明性和可行性原则。因此，矿建工程项目的风险评估指标体系见表 5.1。

表 5.1 矿建工程项目风险评估指标体系

一级因素	二级因素	序号	一级因素	二级因素	序号
设计技术因子	设计未考虑施工可能性	1	施工组织因子	合同内容不完备，要求不明确	16
	设计存在缺陷和失误	2		施工安全保护措施存在漏洞	17
	设计规范技术指标采用不恰当	3		施工现场管理不规范	18
施工技术因子	不合理的施工技术	4		参与各方缺少沟通与协作	19
	不合理的施工工艺	5		业主提供的资料不完全、要求不明确	20
	井筒/巷道开拓方式不合理	6		相应的监督激励措施不健全	21
	井筒/巷道支护方式不合理	7		招投标过程不规范	22
人员能力水平因子	业主管理人员的管理能力和经验与项目要求不符	8	经济社会环境因子	国家相关政策重大调整	23
	项目经理的能力和管理水平与项目要求不符	9		利益相关者的阻力	24
	施工技术人员的技术、能力和水平与项目要求不符	10		宏观经济波动	25
	承包商（供应商）履约能力低	11	自然环境因子	工程地质条件与勘探差异	26
材料设备因子	材料设备质量不符合要求	12		瓦斯、粉尘、地压等灾害	27
	材料设备未能按约定时间送到施工现场	13		恶劣的天气条件（高温、暴雨等）	28
	材料设备型号/规格出现差错	14			
	新型特殊材料设备使用不当	15			

当然，由于不同工程项目的情况复杂多样，实际评价时，表 5.1 给出的评价指标体系还可以根据具体工程项目实际情况做出适当调整。

5.2 矿建工程项目风险评估的内容及思路

当关键风险因素和风险量化方法确定之后，就需要选择适当的数学模型来估计单一风险事件发生的概率大小以及风险事件对项目的影响程度，并对单一的风险进行叠加和汇集，求出项目目标风险程度，以便衡量项目总体风险水平，这个过程称为项目风险评估过程。

在风险研究领域，从概率（可能性）和影响（后果）两方面对风险进行评估是被普遍接受的。风险大小（R）= 风险发生的可能性（P）× 风险后果（C）。但 Willimas 认为，这样计算出来的风险大小是有局限性的，以此计算值对风险进行排序是不正确的，而且这种方法将众多信息浓缩到最后的一个数值中，因而所反映的具体风险信息不足，很难对风险管理行动提供支持。鉴于此，Willimas 指出，对风险评估的正确思路要求同时考虑其发生的可能性和产生的后果，但不能以风险发生的可能性乘以风险后果得出的值来对风险大小进行排序，也就是说对风险进行评估时，要分别给出其发生可能性的高低和所产生后果的大小。

因此，本书的矿建工程项目风险评估思路是：充分利用工程项目管理中收集到的各种信息，以及项目管理人员以往的经验积累，首先对单个风险因素发生可能性的高低和风险后果大小进行估计，并根据风险的大小对其进行评级；其次对项目整体风险进行评估，从而为制定风险管理应对措施提供依据。

5.3 矿建工程项目风险评估方法研究

国内外对工程项目进行风险评估的方法很多，针对本书所确定的矿建工程项目风险评估的内容及评估思路，选择合适的评估方法是至关重要的。下面将对单个风险因素发生的可能性及风险后果大小的估计方法和项目风险的评估模型方法进行比较分析，从而选择更适合矿建工程项目特点的风险评估方法。

5.3.1 矿建工程项目风险评估指标值的确定方法

通常主要使用三种方法来估计各个风险评估指标值，这些方法可以单独使用也可共同使用。

（1）利用相关的历史数据来识别那些在过去发生的事项或情况，借此推断出它们在未来发生的可能性。所使用的数据应与正在分析的系统、设备、组织或活动的类型有关，也应与有关组织的运行标准有关。如果历史上发生频率很低，则无法估计可能性。特别是对于从未发生的事件、情况或环境，人们无法推测其将来是否会发生。

（2）利用故障树和事件树等预测技术来预测可能性。当历史数据无法获取或不够充分时，可以通过分析系统、活动、设备或组织及其相关的失败或成功状况来获得可能性。综合来自操作经历或已记录的设备、人员、组织及系统的数值数据，从而形成对重大事件可能性的估计。在使用预测技术时，关键是要保证在分析中充分考虑常见模式故障的可能性，包括系统内由同一原因造成的不同部位的同时偶然故障。对于因老化及其他衰变过程造成的设备及结构故障，可能需要用模拟技术来计算不确定因素的影响。

（3）利用专家观点来估计可能性。当无法获取历史数据，又很难使用预测技术时，一般会利用专家观点来估计可能性及造成后果的严重程度。获得专家判断的方法众多，这些方法利用看得见的和易于理解的判断帮助提出适当的问题。现有的方法主要包括德尔菲法、配对比较法、种类定级法等。专家判断应利用一切相关的现有信息，包括历史、具体系统、具体组织、实验及设计方面的信息。

由于矿建工程项目风险管理的历史数据缺乏，而且很难确定常见模式故障的可能性，因此本书采用专家意见法获得各个风险评估指标值数据。

5.3.2 矿建工程项目风险评估模型的选择

5.3.2.1 常用工程项目风险评估方法简介

工程项目风险评估模型可以分为定性方法和定量方法两类，共涵盖近百种具体方法。每种方法都有各自的优缺点和适用范围。定性与定量相结合的综合性方法是工程项目风险评估模型的主要研究方向。其中，最具代表性的综合性评估模型是层次分析评价方法、模糊风险分析（即风险模糊综合评估）、灰色系统理论评价方法、概率风险评估及未确知综合评价方法等[143]。国内外学者对这些方法进行了大量深入细致的研究。为了更好地选择矿建工程项目风险的评价模型，本书首先对这些常用方法进行分析比较。

（1）层次分析评价方法（the analytic hierarchy process，简称AHP），又称多层次权重解析方法，是20世纪70年代初期由美国著名运筹学家、匹兹堡大学教授萨蒂（T. L. Saaty）提出的一种定性与定量分析相结合的多目标决策分析方法[144]，它的基本原理是把所要研究的复杂问题看作一个大系统，通过对系统的多个因素的分析，划分出各因素间相互联系的有序层次；再请专家对每一层次的各因素进行较客观的判断后，相应给出相对重要性的定量表示；进而建立数学模型，计算出每一层次全部因素的相对重要性的权值，加以排序；最后根据排序结果规划决策和选择解决问题的措施。

该方法把数学处理与人的经验和主观判断相结合，从而能够有效地分析目标准则体系层次间的非序列关系，综合测度评价决策者的判断和比较。目前，层次分析评价方法已广泛应用于风险评估、资源系统分析、城市规划、招标评标、经济管理、教育管理、科研成果评价、社会科学等许多领域。

（2）模糊风险分析。模糊风险分析是一种运用模糊数学原理分析和评价具有“模糊性”事物的系统分析方法。它是一种以模糊推理为主的定性与定量相结合、精确与非精确相统一的分析评价方法，由于这种方法在处理各种难以用精确数学方法描述的复杂系统问题方面所表现出的独特的优越性，近年来已在许多学科领域中得到了十分广泛的应用[145,146]。

模糊风险分析是应用模糊关系运算原理，对受多种风险因素影响的对象进行综合风险评估的一种方法。该方法强调有限理性和专家的隐性知识，具体步骤如图5.2所示[33]。

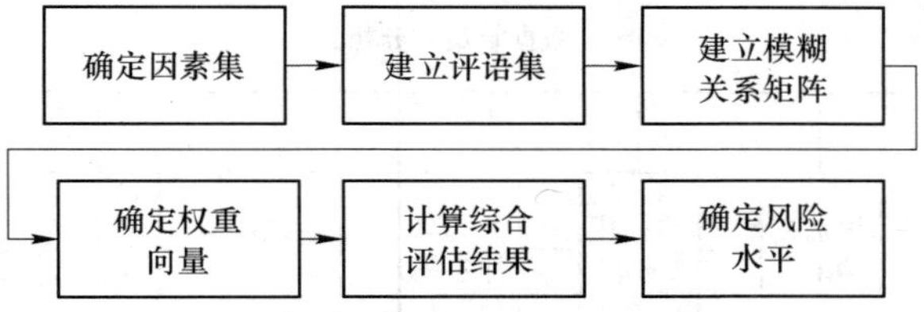

图5.2 模糊风险分析的具体步骤

（3）灰色系统理论评价方法。灰色系统理论是研究解决灰色系统分析、建模、预测、决策和控制的理论，是20世纪80年代初由我国学者邓聚龙教授提出并发展的[147]。它把一般系统论、信息论、控制论的观点和方法延伸到社会、经济、生态等抽象系统，运用数学方法，发展了一套解决信息不完备系统即灰色系统的理论和方法。其特点是利用较少数据建立微分方程模型，以时间序列表征行为特点，具有动态性，致力于实现规律的探讨，其核心是灰色模型[148]。

自灰色系统理论提出以来，它已渗透到自然科学和社会科学的许多领域，完成了大量的农业、气象经济、石油、化工等领域中的重大课题。不足之处是运用灰色系统理论进行关联度计算时参考序列的选择对计算结果有很大影响，而实际中，参考序列的选择具有很大的主观性。

（4）概率风险评估（PRA）。概率风险评估以概率理论为基础，是概率理论、系统工程和现代计算技术在风险评估方面的综合应用。它是定性和定量相结合，以定量为主的综合性分析方法[149]。1986年后，该方法逐渐在理论界及工业界得到了广泛应用[150]。该方法的基本思想是：1）采用自上而下的系统分析模式；2）以定量分析为主，综合运用多种方法；3）不仅分析系统的整体风险，而且分析引起风险的原因。其评估过程可分为三个阶段（图5.3）[151,152]。

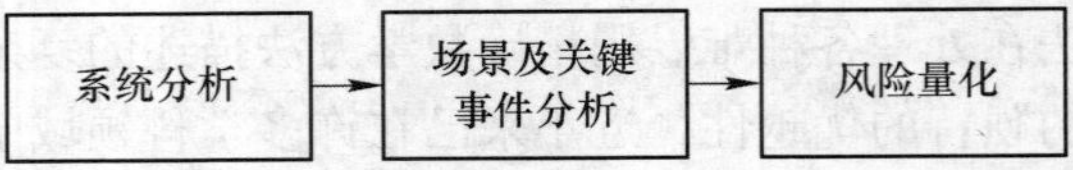

图5.3　概率风险评估的三个阶段

概率风险评估是一个不断强化的多阶段循环过程，不同阶段采用不同的分析方法，如图5.4所示。

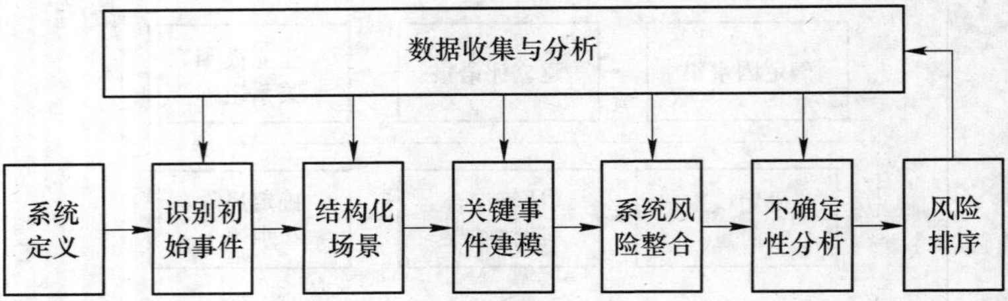

图5.4　概率风险评估的一般过程

概率风险评估方法有固定的结构化分析流程和规范的分析工具，综合运用了归纳和演绎的逻辑方法，具有逻辑性强、形象化等特点，其分析结果具有一定的系统性、准确性和可预测性。

（5）未确知测度模型。未确知测度理论主要用于解决由于决策者心目中主观的、认识上的不确定性等未确知信息所带来的问题[153]。未确知的不确定性不是客观的，而是决策者主观的、认识上的不确定性。这种由于主观或客观原因，决策者不能完全认识事物的真实状态或确定的数量关系，在人们心目中产生的主观的、认识上的不确定性，称为未确知性[154]。具有这种未确知性的信息称为未确知信息。未确知测度模型能够很好地对这类问题进行评价。未确知数学信息处理方法最大的特点：保留所有已知信息，直接参与定量运算，可使积累误差减到最小，而且，除了原始数据以外，没有任何人为假定，可最大程度地忠实于所给出的信息。未确知测度是最简单、应用最广泛的表达未确知信息的方法。

为了便于比较和选择，对以上几种主要风险评估方法的优缺点进行归纳总结，见表5.2。

表5.2 主要风险评估方法比较

方法	优点	缺陷
层次分析评价法	可以同时处理定性和定量因素；根据相对重要性判断矩阵，计算每个指标的综合重要度；可用于多准则评估	权重系数抗干扰性差；缺乏对模糊信息的处理能力；构造一致性判别矩阵的难度较大；精确的权重无法体现模糊信息
模糊风险分析	能较好地综合各种模糊因素，擅长风险总体评价；有较大的灵活性和适应性；能够将创新者的先验知识融入模型；需要的历史数据较少	不能精确评估风险；实际使用时受主观因素的影响较大，评价结果缺乏客观性；对于权数的确定需要借助其他方法；不符合“非负有界性、可加性、归一性”的测量准则等特征
灰色系统理论	能够实现规律的探讨；以时间序列表征行为特点，具有动态性；需要的历史数据较少	进行关联度计算时参考序列的选择对计算结果有很大影响；参考序列的选择具有很大的主观性

续表 5.2

方　法	优　点	缺　陷
概率风险评估	擅长分析特定风险；既可分析系统事故原因，又可定量评估风险大小；有充足的理论依据，评估结果可靠性高	需要足够的数据支持，否则误差逐级放大；对人为因素难以用概率表达；难以将创新者的先验知识融入模型；计算量大
未确知测度模型	能够很好处理由于决策者心目中主观的、认识上的不确定性等未确知信息所带来的问题；保留所有已知信息，直接参与定量运算，可使积累误差减到最小；没有任何人为假定，可最大程度地忠实于所给出的信息	无法对具体的系统风险进行精确的量化描述；无法直观表示变量的概率关系

注：根据诸克军（1997）[155]、杨林娟[156]（2005b）、S. Epstein[157]（2005）、朱启超[158]（2005）、徐哲[159]（2005）等整理。

5.3.2.2 矿建工程项目风险评估方法选择

以上各种评估方法都有其优缺点和适用范围。矿建工程项目风险评估是一项复杂的工作，影响风险评估的主客观因素很多，采用何种评估方法，使评估结果能够客观地反映矿建工程项目风险的实际水平，从而为项目风险管理决策提供科学依据，是非常重要的。

风险评估方法的选择不仅与评估模型的特点有关，还取决于评估系统的特征和风险评估的目标，所分析风险的类型及范围，所需专业知识、人力资源及其他资源的程度，信息及数据的可用性。需要充分考虑矿建工程项目缺乏有效的历史数据、风险影响因素多等特点。

从以上方法比较分析来看，概率风险分析有严密的逻辑、精确的计算、可靠的分析结果，能够从子系统间的内在逻辑关系、风险事件发生的概率及危害性等角度，全面描述系统的总体风险。但是，由于我国煤矿企业对矿建工程项目风险管理意识不强，风险管理的资料欠缺，这些决定了很难使用概率风险评估模型。模糊风险分析有较大的灵活性和适应性，能够将管理者的先验知识融入模型，需要的历史数据较少从而更适合我国矿建工程项目风险管理的实际情况。但是矿建工程项目风险，更多的是人们对风险组成部分及其产生机理认识不完全、变化规律认识不清等所导致的不确定性，这种不确定性是不同于随机性、模糊性和灰性的一种新的不确定性，需要新的处理方法。

矿建工程项目环境为开放的综合系统，涉及技术、管理、社会、经济和自然环境等多方面因素，因此，引发矿建工程项目风险的原因十分复杂。由于客观因素或实测资料不完全以及人们对风险组成部分及其产生机理认识不完全、变化规律认识不清，都会导致风险评估的不确定性。在矿建工程项目风险评估系统中，不管是何种原因导致的不确定性，都将会造成矿建工程项目风险管理者对矿建工程项目风险评估系统主观认知上的未确知性，矿建工程项目风险评估系统首先需要考虑这种不确定性问题。这种不确定性主要是由于评价者本身条件的限制，所掌握的信息难以把握各个风险要素的真实状态，因而在心目中产生主观上的不确定性。而未确知数学是表达和处理未确知性信息的数学工具，它能够对评价系统中多种不确定性信息进行耦合处理，不仅能获得矿建工程项目风险度，还附有该风险度相应的可信度，模型物理概念清晰，计算简单，适用性强。评价结果更具有合理性、客观性、科学性，可以为矿建工程项目风险应对与控制措施的制定提供科学依据。因此，本书将引入未确知测度法，针对矿建工程项目风险评估的“信息不确定性”和“未确知性”问题，建立矿建工程项目未确知评价模型对矿建工程项目风险进行评价，给出合理的置信度准则和排序评分准则。

5.3.3 未确知的基本概念

未确知性是指由于条件限制，决策者无法确切地知道事物的真实状态或真实的数量关系，因而在心目中产生一种纯属主观的、认识上的不确定性[154]。定量表达、处理未确知性的系统称作未确知系统。

5.3.3.1 可测空间

定义1 设 U 为论域，需定量描述 U 中元素具有某种性质（或处于某种状态）的程度，这种性质记作 F，称 F 为性质域，也称为性质空间。

定义2 设 $F_i(i=1,2,3,\cdots)$ 是 F 中第 i 种具体性质或状态，记作 $F_i \in F$；若 $F_i \in F(i=1,2,3,\cdots)$，且满足：

$$F_i \cap F_j = \phi(i \neq j), \bigcup_{i=1} F_i = F \tag{5.1}$$

称 $\{F_1,F_2,F_3,\cdots\}$ 是 F 的一种划分。当划分中只含有限个具体性质时，称作有限划分，否则，称为无限划分。

定义 3 设 U 为论域，F 为 U 上的性质域，E 是 F 的拓扑，则称拓扑空间 (F,E) 为可测空间。

定义 4 设 U 为论域，F 为 U 上的性质域，$\{F_1,F_2,\cdots,F_K\}$ 是 F 的一种划分，令

$$E = \{E_i \mid E_i = \bigcup_{l=1}^{i} G_l, G_l \in \{\phi,F_1,F_2,\cdots,F_K\}, 1 \leqslant i \leqslant K\} \tag{5.2}$$

容易验证 E 是 F 的拓扑。

5.3.3.2 未确知测度

设 U 为论域，F 为 U 上的性质域，$\{F_1,F_2,\cdots,F_K\}$ 是 F 的一种划分，E 是由划分生成的 F 的拓扑。对任意 $u \in U$，$A \in E$，如果用 $\mu(u \in A)$ 表示 u 具有性质 A 的程度，那么，$\mu(u \in A)$ 作为测量结果是某种测度，自然要满足下述测量准则，即 $\mu_A(u) = \mu(u \in A)$ 满足：

$$0 \leqslant \mu_A(u) \leqslant 1, (\forall u \in U, \forall A \in E)(\text{非负有界性}) \tag{5.3}$$

$$\mu(u \in \cup A_i) = \sum_i \mu_{A_i}(u), (A_i \cap A_j = \phi, i \neq j)(\text{可加性}) \tag{5.4}$$

$$\mu_F(u) = 1, (\forall u \in U)(\text{归一性}) \tag{5.5}$$

称同时满足上述三条的 $\mu_A(u)$ 为可测空间 (F,E) 上的未确知测度，称 (U,E,μ) 为未确知测度空间。

5.3.3.3 未确知集合

定义 5 若 U 为论域，F 为 U 上的性质域，E 是 F 的拓扑，(F,E) 为可测空间，$\mu_A(x)$ 是 (F,E) 上的未确知测度，则对任意固定的 A，以 $\mu_A(x)$ 为隶属度函数确定了论域 U 上的一个未确知子集 G：

$$G = \left\{\frac{\mu_A(x)}{x} \mid, \forall x \in U, A \in E \text{ 固定}, 0 \leqslant \mu_A(x) \leqslant 1\right\} \tag{5.6}$$

式中，x 是 G 中的元素，$\mu_A(x)$ 是 x 隶属于 G 的隶属度，因为 $\mu_A(x)$ 在 [0, 1] 上取任意值，所以 G 是一个不确定性集合，当且仅当 $\mu_A(x)$ 取 0 或 1 两个值时，G 才是确定性集合，即 Cantor 集。

上述定义表明，未确知集合是基于两个空间，即对象空间 U 与拓扑空间 (F,E) 上产生的概念；未确知隶属函数是 $U \times E$ 上的二元

函数，它是对 U 中元素具有 E 中性质在未确知情况下的度量结果，所以它首先是一种测度，其次才是不能确切知道的某种未确知测度。这与只具有一个对象空间 U 的模糊集是根本不同的。

5.3.3.4 未确知逻辑系统

未确知逻辑系统是基于未确知集合，用于处理未确知信息的逻辑系统，它由未确知化单元、未确知推理机和去未确知化单元三部分组成，如图 5.5 所示。

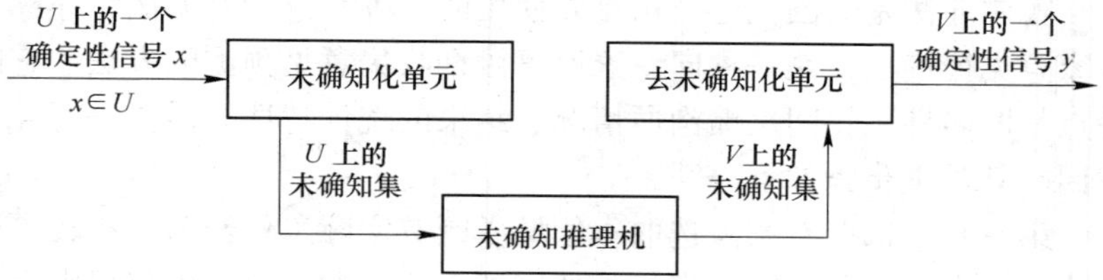

图 5.5 未确知逻辑系统示意图

5.3.4 基于未确知测度的矿建工程项目风险评估模型

设 $x_1,x_2,\cdots,x_n$ 表示 n 个待评价的对象，记为 $X=\{x_1,x_2,\cdots,x_n\}$，称之为论域；评价 x_i（$x_i\in X$）有 m 项指标 $I_1,I_2,\cdots,I_m$，记为 $I=\{I_1,I_2,\cdots,I_m\}$。用 x_{ij} 表示对象 x_i 在指标 I_j 下的观测值。设 $C=\{c_1,c_2,\cdots,c_K\}$ 为评价空间，其中，$c_k(1\leqslant k\leqslant K)$ 为第 k 个评语等级。

5.3.4.1 单指标未确知测度

对象 x_i 关于指标 I_j 的观测值 x_{ij} 不同时，则该指标使 x_i 处于各评语等级的程度也不同。设 x_{ij} 使 x_i 处于第 k 个评价等级 c_k 的程度为 $\mu_{ijk}=\mu(x_{ij}\in c_k)$，那么 μ_{ijl} 是对程度的一种测量结果，作为一种测度它必须满足通常的诸如“非负有界性、可加性、归一性”三条测量准则。满足三条测量准则的 μ_{ijk} 为未确知测度，简称测度。称

$$(\mu_{ijk})_{m\times K}=\begin{pmatrix}\mu_{i11}, & \mu_{i12}, & \cdots, & \mu_{i1K}\\ \mu_{i21}, & \mu_{i22}, & \cdots, & \mu_{i2K}\\ \vdots & \vdots & \vdots & \vdots\\ \mu_{im1}, & \mu_{im2}, & \cdots, & \mu_{imK}\end{pmatrix}\quad (i=1,2,\cdots,n)\tag{5.7}$$

为对象 x_i 的单指标测度评价矩阵，其中 $\mu_{ij}(1 \leqslant j \leqslant m)$ 表示 x_{ij} 使 x_i 处于各个评语等级的未确知测度。

5.3.4.2 指标权重的确定

设置指标权重是为了反映不同指标重要程度的不同。指标权重确定方法有许多种，在本书中主要使用了三种，即德尔菲法、层次分析法及其改进方法和信息熵法。

A 德尔菲法

德尔菲法是美国兰德公司首先使用的一种专家调查方法，亦称为专家意见征询法，是一种向专家反复函询收集意见预测的方法。它的特点是匿名性、轮间反馈沟通情况、结果的统计特性、需要进行几个轮回。其基本步骤如下[160,161]：

第一步，选取专家。选取本领域中既有实际工作经验又有较深理论修养的专家，并征得专家本人的同意。这里的专家不仅仅局限于权威，而是某个领域的专家。在选择专家时，除了本技术领域专家外，为了求得最佳集体效应，还可以邀请相关学科专家参加。专家人数太少在代表性和权威性方面可能不足，人数太多又给结果处理带来很多困难。经过大量研究发现，专家人数以 5 ~ 20 人为宜，并且要求专家之间处于互相不知道的隔离状态。

第二步，将有关资料以及相关规则发给选定的各位专家，请他们独立地给出自己的意见。

第三步，回收并整理出结果。收回后，成果评价的主持人员进行归纳，如果意见一致，则此轮结束；若偏差较大，则进行第四步。

第四步，将结果及补充资料返还给各位专家，要求所有的专家在新的基础上重新给出自己的意见。

第五步，重复上述第三和第四步，直至各专家的意见基本趋于一致。收回专家意见后，统计分析得出结论。

德尔菲法集中了专家的经验与意见，并不断地反馈和修改，同时排除了人际关系干扰，具有很大优越性，能够得到比较满意的结果。因此，本书在取得原始数据时采用该方法。

B 层次分析法

层次分析法（AHP）通过分析复杂系统所包含的因素及相关关

系，将问题条理化、层次化，构造一个层次分析结构模型，将每一层次的各要素两两比较，按照一定的标度理论，得到相对重要程度的比较标度并构建判断矩阵，计算判断矩阵的最大特征值及其特征向量，得到各层次要素对上层次某要素的重要性次序，从而构建权重向量。其主要步骤如下[144,162]：

第一步，对模型中的指标构造判断矩阵。

判断矩阵表示针对上一层次某因素而言，本层次与之有关的各因素之间的相对重要性。假定 A 层中因素 A_k 与下一层次中因素 B_1，B_2，…，B_n 有联系，则所构造的判断矩阵见表5.3。

表5.3 判断矩阵示意表

A_k	B_1	B_2	…	B_n
B_1	b_{11}	b_{12}	…	b_{1n}
B_2	b_{21}	b_{22}	…	b_{2n}
⋮	⋮	⋮	⋮	⋮
B_n	b_{n1}	b_{n2}	…	b_{nn}

注：$b_{12} = \frac{B_1\text{因素}}{B_2\text{因素}}$，$b_{2n} = \frac{B_2\text{因素}}{B_n\text{因素}}$。

其中，b_{ij} 是对于 A_k，而 b_{ij} 的取值根据所选择标度的不同而不同。通常人们所采用的标度为1～9比例标度，即 b_{ij} 取1，2，3，…，9及它们的倒数，其含义见表5.4。

表5.4 相对重要性等级表

标度	含 义	标度	含 义
9	两个元素相比，前者比后者极重要	1/9	两个元素相比，后者比前者极重要
8		1/8	
7	两个元素相比，前者比后者强烈重要	1/7	两个元素相比，后者比前者强烈重要
6		1/6	
5	两个元素相比，前者比后者重要	1/5	两个元素相比，后者比前者重要
4		1/4	
3	两个元素相比，前者比后者稍重要	1/3	两个元素相比，后者比前者稍重要
2		1/2	
1	两个元素相比，前者和后者同样重要	1	两个元素相比，后者和前者同样重要

第二步，求判断矩阵的特征根和相应的特征向量，并进行一致性检验，得到单排序结果。

一般采用方根法计算判断矩阵的特征根和相应的特征向量。

(1) 计算判断矩阵每一行元素的乘积 Mi

$$Mi = \prod_{j=1}^{n} b_{ij} \quad (i=1, 2, \cdots, n)$$

(2) 计算 Mi 的 n 次方根

$$\overline{W}_i = \sqrt[n]{Mi}$$

(3) 对向量 $\overline{\boldsymbol{W}} = [\overline{W}_1, \overline{W}_2, \cdots, \overline{W}_n]^{\mathrm{T}}$ 正规化，即归一化

$$W_i = \frac{\overline{W}_i}{\sum_{i=1}^{n} \overline{W}_i}$$

(4) 根据 $AW = K_{\max} W$ 求出最大特征根和其特征向量。

(5) 一致性检验：

1) 计算一致性指标 $\mathrm{C.I.} = \dfrac{\lambda_{\max} - n}{n-1}$；

2) 找出相应的平均随机一致性指标 R. I.；

3) 计算一致性比例 C. R. =C. I. /R. I.；

当 C. R. <0. 1 时，可接受一致性检验，否则对 A 修正。

第三步，为了得到某一层次被支配因素相对于上一层次的权值，把在第二步所得到的层次单排序结果进行加权算术平均。

第四步，根据指标层对要素层，要素层对准则层，准则层对总目标的单排序结果，用排序向量综合法沿层次结构，由上而下逐层进行各层元素对目标的合成权重的计算，最后得出指标层对总目标的相对重要性权值，这样就得出了各个指标的权重 W_j。

层次分析法要求评价者对照“相对重要性函数表”，给出因素集中两两比较的重要性等级，把专家的智慧和理性分析结合起来，在很大程度上降低了不确定因素，因而可靠性高、误差小。因此，在确定一级指标的权重时采用层次分析法。

C 信息熵法

熵是 19 世纪 60 年代德国物理学家克劳修斯作为热力学的一个概念提出来的，最初它是用来描述能量转化量和转化方向[163]，后来由

申农（C. E. Shannon）引入信息论，现在在工程技术、社会经济等领域得到了较多的应用。信息熵是随机事件不确定程度的一种有效度量尺度，具有非负、极值及可加等性质。根据熵的性质，可以把决策评价中各待评方案的固有信息和决策者的主观判断（评价指标的主观权重）的信息进行量化分析与综合，计算出各方案基于熵的相对优异性量化评价指数，从而做出对各方案的评价。未确知测度模型中，应用信息熵确定指标权重的原理和方法如下[164~166]：

设有 m 个方案，评估指标为 n 个，则对 m 个方案的 n 个指标进行评估得到评估矩阵为 $\boldsymbol{X} = (x_{ij})_{n\times m}$，其中，$x_{ij}$ 是第 j 个方案的第 i 个指标的评估值。对于给定的 i，$x_{ij}(j = 1,2,\cdots,m)$ 的差异越大，则指标方案的比较作用越大，也即它包含和传输的决策信息越多，信息熵可被用来度量这种信息强度的大小。

设对象 x_i 关于指标 I_j 的观测值 x_{ij} 使对象处于 $c_1,c_2,\cdots,c_K$ 各个评语等级的未确知测度为

$$\mu_j^i = (\mu_{ij1},\mu_{ij2},\cdots,\mu_{ijK}) \tag{5.8}$$

设由测度 μ_{ijk} 所确定的信息熵为

$$H(j) = -\sum_{k=1}^{K}\mu_{ijk}\cdot \lg\mu_{ijk} \tag{5.9}$$

令

$$V_j^i = 1 - \frac{1}{\lg K}H(j) = 1 + \frac{1}{\lg K}\sum_{k=1}^{K}\mu_{ijk}\cdot \lg\mu_{ijk} \tag{5.10}$$

令

$$W_j^i = \frac{V_j^i}{\sum_{j=1}^{m} V_j^i} \tag{5.11}$$

显然，$0 \leqslant W_j^i \leqslant 1$ 且 $\sum_{j=1}^{m} W_j^i = 1$。

由上述信息熵理论及性质知：

（1）当且仅当 $\mu_{ij1} = \mu_{ij2} = \cdots = \mu_{ijK} = \frac{1}{K}$ 时，V_j 取到最小值为0；

（2）当且仅当存在一个 $\mu_{ijk_0} = 1$，其余的 $K-1$ 个均为0时，V_j 取到最大值为1；

（3）μ_{ijk} 取值越集中，V_j 的值越近于1，反之 μ_{ijk} 取值越分散时，V_j 的值越近于0。

由 V_j 的上述三条性质可知，式（5.11）定义的 w_j^i 是指标 I_j 关于 x_i 的分类权重。称

$$\boldsymbol{W}^i = (w_1^i, w_2^i, \cdots, w_m^i) \tag{5.12}$$

为指标 $I_1, I_2, \cdots, I_m$ 关于 x_i 的分类的权重向量。

信息熵确定权重的方法中，指标 j 对样本 x_i 分类权重是由 $\boldsymbol{\mu}_{ij} = (\boldsymbol{\mu}_{ij1}, \boldsymbol{\mu}_{ij2}, \cdots, \boldsymbol{\mu}_{ijK})$ 中测度值计算得到的，或说 w_j 是由 j 指标（值）提供的分类信息经计算求出来的，并且具有统计特性，本质地反映了指标 j 对分类做出的贡献。

上面给出两种指标分类权重的计算方法。显然，两种分类权重的应用场合，含义互不相同。AHP 适用于不涉及具体样本，更不涉及样本观测值的无结构决策中，目标 G 下指标重要性的权重确定，比如：对于矿井安全性 G 来说，瓦斯，顶板……的重要性权重，这种权重本质上由且只能由专家赋值；而信息熵是由各个指标包含和传输的决策信息多少，通过各个指标（值）提供的分类信息经计算求出来的，并且具有统计特性，本质地反映了各个指标对分类做出的贡献。因此，在确定最末层的指标层各个指标的权重时，采用信息熵方法计算确定各个指标的权重；在确定除了指标层之外的其他指标重要性时，采用层次分析法（AHP）。

5.3.4.3 综合评价系统

若关于 x_i 的单指标测度评价矩阵（5.7）已知，关于 x_i 的各指标分类权重向量为式（5.12）。令

$$\boldsymbol{\mu}^i = \boldsymbol{W}^i \cdot (\boldsymbol{\mu}_{ijk})_{m\times K} = (w_1^i, w_2^i, \cdots, w_m^i)\begin{pmatrix} \mu_{i11}, & \mu_{i12}, & \cdots, & \mu_{i1K} \\ \mu_{i21}, & \mu_{i22}, & \cdots, & \mu_{i2K} \\ \vdots & \vdots & \vdots & \vdots \\ \mu_{im1}, & \mu_{im2}, & \cdots, & \mu_{imK} \end{pmatrix} \tag{5.13}$$

$$\boldsymbol{\mu}^i = (\mu_{i1}, \mu_{i2}, \cdots, \mu_{ik})$$

则 $\boldsymbol{\mu}^i$ 为 x_i 的评价向量。

5.3.4.4 评价准则

由于评语等级划分是有序的，所以最大测度识别准则不适用，改

用置信度识别准则。

设置信度为 $\lambda(\lambda > 0.5)$，通常取 0.6 或 0.7，令

$$k_0 = \min_k \left[\left(\sum_{l=1}^{k} \mu_{il} \right) \geqslant \lambda , k = 1,2,\cdots,K \right] \tag{5.14}$$

则判 x_i 属于第 k_0 个评价等级 c_{k_0}。

5.3.5 基于后果/可能性矩阵的矿建工程项目风险等级确定方法

对于矿建工程项目风险因素必须进行有效控制，使之对项目的负面影响尽可能降低；对于较高风险的因素，要视项目的具体情况决定实施何种控制手段，需要达到何种效果；对于中等风险和低风险的因素进行控制时，更多的是将控制的成本和项目可能产生的效益结合起来考虑，要注意控制操作成本。因此还需要确定矿建工程项目风险的具体等级。

后果/可能性矩阵是一种将定性或半定量的结果分级与产生一定水平的风险或风险等级的可能性相结合的方式。后果/可能性矩阵可用来根据风险等级对风险、风险来源或风险应对进行排序。根据其在矩阵中所处的区域，可以确定哪些风险需要更细致地分析，或是应首先处理哪些风险，哪些风险此时无需进一步考虑。在缺乏足够的数据进行细致的分析，或是实际上无法具备足够的时间和精力进一步定量分析时，后果/可能性矩阵经常被使用。

绘制矩阵时，结果在一个轴上，可能性在另一个轴上。如有 6 点结果和 5 点可能性等级的风险矩阵用图 5.6 表示。

可能性等级							
	E	IV	III	II	I	I	I
	D	IV	III	III	II	I	I
	C	V	IV	III	II	II	I
	B	V	IV	III	III	II	I
	A	V	V	IV	III	II	II
		1	2	3	4	5	6
		结果等级					

图 5.6 后果/可能性标准矩阵示例

为了进行风险分级，使用者首先要发现最适合当时情况的结果描

述符，然后界定那些结果发生的可能性，然后，从矩阵中读取风险等级。矩阵定义的风险水平可能与是否应对风险的决策规则相联系。对于不同级别的风险因素，项目方实施的应对策略和重视的程度也应有所不同，从而可以为项目风险应对策略的选择和控制方法的实施提供科学依据。一般来说，Ⅰ级区域属于结果等级和可能性等级都高的区域，风险程度高，应当严格控制；Ⅱ级区域和Ⅲ级区域风险程度次之，应当重点关注；Ⅳ级区域风险程度较小，视风险管理主体的风险偏好程度进行控制。Ⅴ级区域可能性和结果等级都较小，可以不予理睬。

此方法的优点是比较便于使用，能够将风险很快划分为不同的重要性水平。局限包括：必须设计出适合具体情况的矩阵；很难清晰地界定等级；使用具有很强的主观色彩，分级者之间会有明显的差别；无法对风险进行总计（例如，人们无法确定一定数量的低风险或是界定过一定次数的低风险相当于中级风险）。组合或比较不同类型后果的风险等级是困难的，通常情况下是将控制的成本和项目可能产生的效益结合起来考虑。

5.4 本章小结

本章首先在第 4 章识别出的矿建工程项目关键风险因素的基础上，建立矿建工程项目风险评估指标体系，然后确定了矿建工程项目风险评估的内容及思路，接着对矿建工程项目风险评估的方法进行研究，针对矿建工程项目风险特点，在对现有常用方法分析比较的基础上，选择专家意见法来确定矿建工程项目风险评估指标值，选择未确知测度模型进行矿建工程项目风险评估，将信息熵理论和未确知测度理论引入矿建工程项目风险评估，构建基于未确知测度的矿建工程项目风险评估模型，从而将风险数据转化为风险决策信息，构建起风险识别和风险控制之间的桥梁。

6 矿建工程项目风险监控与应对

本章初步探讨矿建工程项目风险的应对策略以及业主的风险应对决策，为实现矿建工程项目风险的动态监控管理，建立风险预警机制和风险监控模式，并进一步分析矿建工程风险管理的保障体系建设。

通过对矿建工程项目关键风险因素识别、风险产生机理的分析以及风险因素的评估，可以从总体上分别揭示导致矿建工程项目风险的关键风险因素、关键风险因素发生可能性的高低以及可能导致后果的程度。但是风险管理工作的目的是控制、减少项目风险因素的不确定性，减少风险对项目目标产生的不利影响，因此，需采取必要的应对措施并对风险因素进行动态的监控。为此，本章主要从风险管理流程、风险管理的组织机构和制度等方面研究矿建工程项目风险管理的保障体系。

6.1 矿建工程项目风险应对策略及决策

6.1.1 矿建工程项目风险应对策略

风险应对是根据风险评估结果，选择采取一种或多种措施来控制或降低风险，包括降低风险事件发生的可能性或改变风险后果的措施。目前常用的风险应对方法分为4种，即风险回避、风险转移、风险缓解和风险自留[167]。风险管理人员在决策时，常常将几种应对措施组合使用。

6.1.1.1 风险回避策略

风险回避是通过采取合理的控制措施，消除项目风险或风险发生的条件，从而使风险事件不再发生，而保护项目目标免遭风险的影响。风险回避策略多用于项目的启动和规划阶段。风险回避措施是最彻底的消除风险影响的方法，可在风险事件发生之前完全、彻底地消除某一特定风险，而不仅仅是减少风险的影响程度。风险回避的方式有两种：

（1）回避风险发生的条件或发生概率，主要指消除导致风险事件的风险因素。

（2）回避风险事件发生后的可能损失。

风险回避策略对可能发生的风险尽可能地避免，直接消除风险损失。在矿建工程项目中，部分风险是可以采取回避策略的，如对巷道采取更有效的支护方式、施工采取更可靠稳妥地技术方案等，但这通常会引起成本的增加或工期的延长，引起另一类风险，因此需要慎重选择风险回避策略。同时并非所有的风险都可以采用回避的策略，对于一些难以估计或不可抗力造成的风险（如瓦斯、地压、煤尘等灾害）则很难回避。

6.1.1.2 风险转移

风险转移是有意识地将某风险的结果转移给第三方。风险转移的目的不是降低风险发生的概率或风险后果的大小，而是在风险事件发生时将风险损失转移到第三方，但要注意的是，该方法不是将风险转移给第三方，而是将风险损失转移给第三方。风险转移策略一般包括合同转移、工程担保和工程保险三种方式。

（1）合同转移。合同转移是业主利用合同规定双方的风险责任，从而将风险转移给对方以减少自身损失。矿建工程项目风险管理需要业主和承包商两方面共同努力，如果业主一味要求风险由承包商承担，承包商往往会采取提高不可预见费、设计和施工采取保守方法、努力索赔等对策，使成本增加，反而得不偿失。在国际通用的 FIDIC 条款中，明确规定了业主和承包商的一般风险承担方式。

（2）工程担保。担保是指为他人的债务、违约或失误负间接责任的一种承诺。我国大力推行工程担保制度，它是有效保障工程建设顺利进行的一个重要手段，也是保证工程参与各方履约的管理机制。我国煤矿建设过程中的工程担保还不普遍，这种风险转移方式未得到充分利用。

（3）工程保险。工程保险就是把项目进行中可能发生的风险作为保险对象，通过购买保险，将本应自己承担的责任转移给保险公司，以减轻与项目实施有关的损失和可能由此而产生的纠纷，通常通过保险合同实现。我国工程保险分为建筑工程一切险和安装工程一切险，保险范围包括：1）主体工程保险；2）场地清理费保险；3）附加工程及临时工程保险；4）施工机具施工车辆保险；5）其他工程险及附加险；6）工程第三者责任保险；7）施工人员意外伤害责任保险或称雇主责任险[168]。

风险转移策略虽然只是将风险在风险承担者之间进行转移，并没有消除风险，但是该策略降低了业主承担风险的压力，在煤矿建设过程中可以进行深入地研究。

6.1.1.3 风险缓解

风险缓解指减少风险事件发生机会或降低风险事件发生所带来的损失，其目的是通过积极改善风险的特性，预防损失的发生和减小损失后果。风险缓解是风险应对措施中最积极、合理、有效的风险应对措施，主要包括预防损失和减少损失两方面。风险缓解策略适用于风险潜在损失小且概率大的风险因素。

风险缓解的途径有以下几种：

（1）降低风险发生的可能性。如挑选技术水平更高的工程施工人员；选择更可靠的材料；实行探放水、瓦斯抽放等安全措施；加强施工人员的安全教育；监督工人按操作规程施工等。

（2）控制风险损失。如建立科学的决策机制；落实安全生产责任制；加强安全通风措施；配备必要的急救设备等。

（3）应急措施。应急措施是对可能发生重大事故而制定的方法。矿建工程项目施工不可避免地遇到各种风险，必须制定合理的应急计划，如建立救援队伍；加强应急救援演练；配备必要的应急物资、设备和设施等。

6.1.1.4 风险自留

风险自留即业主自己承担风险造成的损失，这是最省事的风险应对方法。风险自留可能是主动的，也可能是被动的。风险自留是目前我国矿建工程项目风险采用最多风险应对的方法，这主要是由我国风险管理现状决定的。

（1）我国风险管理研究起步晚，各矿业集团的风险管理意识相对薄弱；

（2）由于风险管理投入的保障性、不确定性的特点，决定了项目法人不愿意在财务上体现这部分成本，造成无意识的风险自留；

（3）有些风险无法规避、转移，只能被动自留，如采取工程保险，保险公司只负责财产损失，但工期风险只能由业主承担。

这是风险管理过程中四种常用的风险策略。当然，每种策略的使用形式，根据项目的不同会有不同的变化。无论采取何种风险应对策略，提高业主的风险管理能力是最关键的。风险管理能力的提高需要观念、技术、组织、人员、制度的保障。

6.1.2 矿建工程项目风险应对决策

风险管理需要业主对风险做出决策采取何种风险应对措施。风险应对决策主要包括以下内容：

（1）哪些风险是否需要应对。根据第 3 章的分析，控制风险是有成本的，所以并不是每一个识别出的风险因素都要立即进行控制，只有在风险达到一定的条件才进行控制。风险应对决策即要判断，哪些风险需要控制，风险达到什么级别才进行控制。业主可以遵循公式（6.1）来判断是否需要采取风险应对策略。

$$\text{RRL(风险作用杠杆)} = \frac{RE_{before} - RE_{after}}{\text{Cost(风险实施成本)}} \tag{6.1}$$

当计算出 RRL 小于 1 时表明采取进一步的风险应对措施失大于得，应对措施只在 RRL 大于 1 时才有考虑的必要。如果同时面临多种风险，而可投入的风险资源（如人力、财力、物力）总量有限，则此时风险计划中确定风险应对的决策实际上等于求解一个多元背包问题。

（2）应对的先后顺序。在对风险进行管理时，需要优先控制风险等级高的风险，根据第 5 章后果/可能性矩阵，按照Ⅰ、Ⅱ、Ⅲ、Ⅳ、Ⅴ的顺序逐步控制风险。

（3）应该采取哪种策略。在同等条件或相近条件下，可按下列顺序选择风险应对策略：优先考虑能否避免风险，再次考虑是否可以转移风险，最后才是风险缓解和风险自留。如图 6.1 所示。

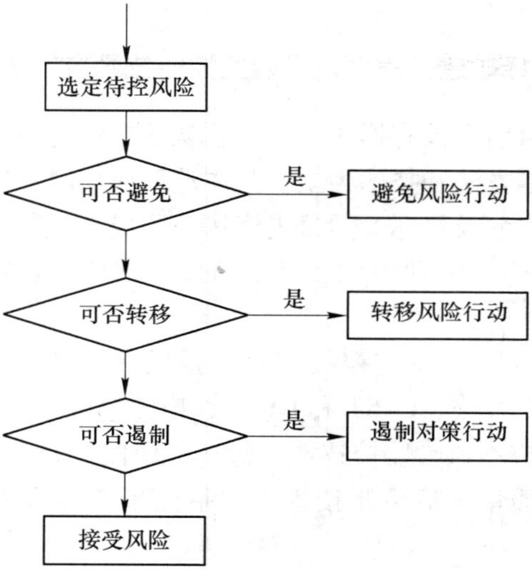

图 6.1 风险应对策略选择顺序

当然，不同的业主由于抗风险能力、知识经验、客观条件等不同，会对风险产生不同的判断和分析，业主需要综合考虑风险的类型、风险的强度以及自身能力等因素，根据风险事件的特征不断更新风险应对的策略。风险管理是一个循环递进的过程，实施风险应对措施后，应针对风险因素进行重新分析、重新评估风险水平是否可接受，从而确定是否采取下一步的应对措施。

6.2 矿井建设工程项目风险监控管理

风险监控也是项目风险管理过程中的一项重要工作。这是因为风险管理应贯穿项目的整个生命周期，需对项目风险进行持续的分析，包括对已识别风险的跟踪、监视，发现其是否变化，是否已消除，同时还需要识别项目进程中新的风险，并审查风险应对策略的实施以及评估其效果。也就是说在风险事件发生时，按照风险管理计划中预先制定的应对方法采取措施，以减少风险影响。如果情况发生变化，应对其重新进行分析，并制定新的应对措施。风险监控应是一个实时的、连续的过程，它针对风险管理过程中风险及风险因素的变化及时调整风险管理措施。

6.2.1 正确选择矿建工程项目风险监控的技术与方法

风险监控目前还没有形成独立、公认的方法与技术，一般是以项目管理中的控制方法和技术为主。具体选择应用时，应考虑各方法的特点和风险的类型及目标。项目进度风险、成本风险、质量风险和全过程风险的监控技术和方法是不同的，一般来说，可以分为以下几类：

（1）项目进度风险监控技术。包括因果分析图、关键线路法、横道图法、前锋线法、PERT 和 GERT、挣值分析方法等。

（2）项目成本风险监控技术。包括费用偏差分析、横道图法等。

（3）项目质量风险控制技术。包括因果图、直方图法、控制图法、帕累托图法等。

（4）项目全过程风险控制技术。包括审核检查方法、风险里程碑图、风险预警系统等。

因本书研究的矿建工程项目风险管理属于全过程风险控制，本书选择风险预警控制技术。

6.2.2 建立矿建工程项目风险监控的预警系统

风险预警的目的是尽早发现并预防、控制风险，最大限度地控制风险因素的不利后果[65]。矿建工程项目中的不确定因素多，为了有效地控制风险发生，就需要建立风险预警系统，以便对矿建工程项目风险进行有效识别，及时发现风险因素，在其对项目造成严重影响之前采取有效的管理措施，以便降低其影响。

矿建工程项目风险预警系统是指，在实施风险管理的过程中，利用风险评价模型、预测模型及专家决策系统对项目的风险进行实时的监控和预测，对风险的损害程度做出及时的判断，在项目风险达到警戒范围时，通过指定平台准确、迅速向各相关机构进行险情通报。

矿建工程项目风险预警系统能对项目风险进行全面、系统地检测、识别、诊断和预控，系统的核心是监控指标的选取、风险阈值的设定、控制措施的选取。项目中一旦出现对项目目标产生不利影响的风险因素，预警系统就会产生明确的预警信号，提醒风险管理部门及时采取相应的管理措施，减少可能的损失，体现了风险管理事前控制的思想。如果风险发生后，则通过应急管理措施，使风险事故的不利影响减少到最小，保证项目目标的顺利实现。风险管理预警系统过程如图 6.2 所示。

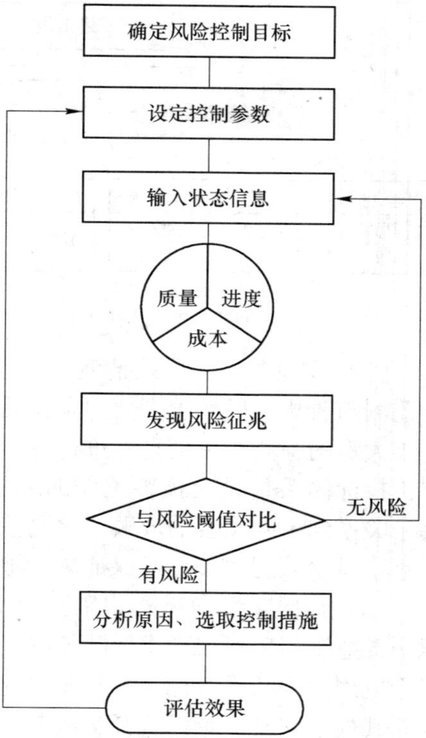

图 6.2 工程项目风险管理预警系统结构框图

从上面分析中看出，风险管理预警系统应该包含风险预警分析和风险预控措施两个子系统。风险预警分析是对矿建工程项目风险进行识别、分析与评价并做出预警的管理活动，即对各种重要管理环节和管理行为进行分析、识别、评价、应对与监控；风险预控措施是对矿建工程项目风险的早期征兆进行矫正与控制的管理活动，包括组织准备、日常监控与应急管理三个活动阶段。为了保障风险管理预警系统有效发挥作用，还应建立风险预警—响应—信息报送机制。根据管理预警系统的构建思想与目标，矿建工程项目风险管理预警系统可以按图 6.3 所显示的内容体系来构造。

6.2.2.1 预警分析的内容

风险预警分析主要包括 4 个阶段：风险监测、风险识别、风险诊断与风险评价。其中，风险监测是风险预警的前提，风险识别是风险预警的关键，风险诊断和风险评价是风险预警的分析过程。

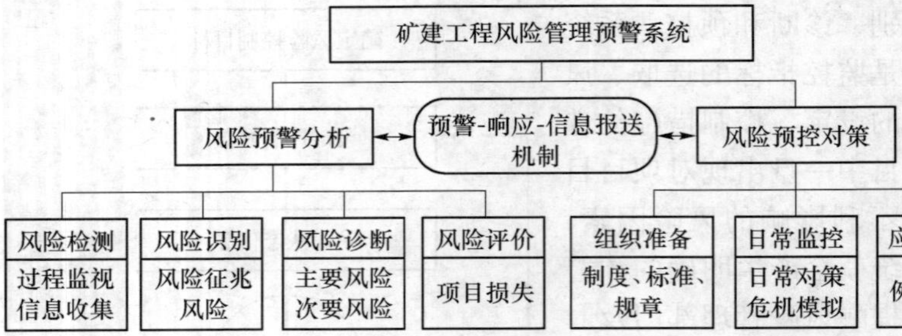

图6.3 矿建工程项目风险管理预警系统

(1) 风险监测。风险监测是对矿建工程项目内外部风险信息进行监测与收集。风险管理要对风险因素进行全过程、全方位的监视，收集大量的检测指标信息并进行分类、处理和判断。构建科学合理的评价指标体系是风险预警工作的基础，科学的监测指标体系至关重要，关系到风险预警的成败。检测信息需要数据标准化并及时传递到下一个风险管理环节，以保证风险被准确及时识别。

(2) 风险识别。风险识别是对上面监测得到信息进行分析，以识别矿建工程项目中各类风险征兆，从而确定项目风险。识别的关键在于应用适当的警级标准，根据指标值分析某类风险发生的可能性，判断其处于正常、警戒或紧急状态。

(3) 风险诊断。对选择的风险预警指标进行诊断，分析已被识别的各种风险因素的发生可能性及危害，查明危险性和危害性最大的风险因素。通过风险诊断可以发现矿建工程项目在技术条件、管理条件、环境条件等方面的风险度，为项目顺利实施提供保障。

(4) 风险评价。风险评价是对矿建工程项目风险进行损失评价，不仅需要分析对项目的影响，还需要分析评价项目的社会影响，评价结论是采取预控措施的基础。

6.2.2.2 预控措施的内容

风险预控措施主要包括组织准备、日常监控和应急管理三个阶段。组织准备是预控对策工作的前奏，它与日常监控都是预控对策的主体。而应急管理是特殊情境下日常监控活动的拓展。

(1) 组织准备。组织准备主要是建立有效的风险管理组织结构，明确组织的职能职责，为风险预控措施提供组织保障，保证风险监控顺利进行。

（2）日常监控。日常监控是出现风险征兆后，风险因素逐渐向风险事件发展过程中的预控对策，主要是事前预防机制。

（3）应急管理。应急管理是假设发生风险事件时，针对发生后果提出预案，主要侧重事后救援机制，目标是降低风险事件造成的损失。

事实上，风险产生的根源是风险因素，因此，对风险因素的管理控制是风险管理的核心。根据风险的概念和性质，结合不同类型风险因素的特点，从预防、保护、应急管理3种途径着手对风险加以控制。其中预防措施的作用是降低风险发生概率，保护措施和应急管理是减轻风险损失。

总之，预警分析的活动内容主要是识别风险，预控对策的活动内容则是防范风险和降低风险。预警分析是基础，预控对策是目标，两者相辅相成，缺一不可。

6.2.2.3 风险预警—响应—信息报送机制

矿建工程项目风险预警管理系统中，除了进行风险预警分析并制定风险预控措施外，还应建立风险预警—响应—信息报送机制。根据实时监测数据、工况、环境巡视和作业面异常状态等，施工单位确定预警级别，形成异常状况报告；对可能发生重大突发风险事件的预警状态，施工单位应立即启动相关预案，组织处理，同时第一时间报送业主、设计单位、监理单位。上报是从施工一线一级一级往上传递，在井筒进出口设立主要人员的联系方式，并标出120、119、110等常用的呼救电话号码。事故后，要对事故进行调查分析，主要是查明事故发生的原因、过程和人员伤亡、经济损失等情况，确定事故责任者，提出事故处理意见和防范措施的建议。

6.2.3 建立矿建工程项目风险监控管理的PDCA模式

矿建工程项目风险是动态发展变化的，这就要求风险监控管理也必须是动态发展的。为此，本书引入PDCA模型，建立风险监控管理的PDCA循环模式，从而保证风险监控管理活动持续不断地进行，并且不断地得到完善。

PDCA是英文plan（计划）、do（执行）、check（检查）、action（总结处理）四个词的第一个字母的缩写。它的基本原理就是做任何一项工作，首先有个设想，根据设想提出一个计划，然后按照计划规定去执行、检查和总结，最后通过工作循环，一步一步地提高工作水平。PDCA 循环模式一般可分为四个阶段和八个步骤。PDCA 循环模式的基本特点如下：

（1）周而复始：一个循环结束了解决了一部分问题，未解决或新出现的问题进入下一个循环。

（2）大环带小环：一个单位是一个 PDCA 大循环，各科室、区队是一个中循环，班组或个人是一个小循环。这样逐级分层，环环相扣。每个循环都包括四阶段八步骤。

（3）阶梯式上升：每循环一次都要有所前进和提高，通过每一次总结，都要巩固成绩，克服缺点。

（4）运用统计工具：应用科学的统计观念和处理方法，作为推动工作、发现问题和解决问题的有效工具。

PDCA 运行如图 6.4 所示。

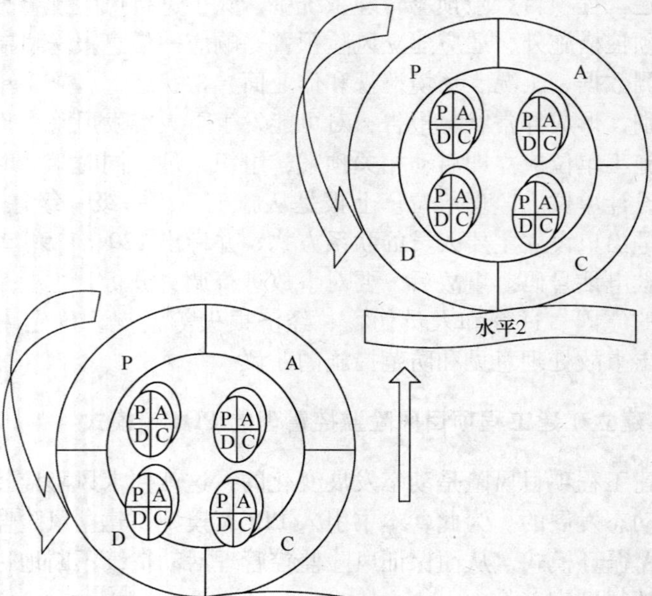

图 6.4 PDCA 运行示意图

根据 PDCA 的原理及特点，我们可以将其用在矿建工程项目风险监控管理中，通过使用 PDCA 循环管理模式来不断提高风险监控管理水平。

6.2.3.1 制定计划阶段（P）

制定计划包括确定进行风险控制管理的目的和要达到该目的所展开的风险控制管理活动的具体计划，主要包括三个步骤：

（1）确定进行风险控制管理期望达到的目标。收集过去一个时期发生的所有的事故情况资料、“三违”记录、识别出的危险源记录，对这些资料进行统计，统计发生事故的种类、“三违”种类、危险源的种类、每一类出现的次数等。以此来确定本期进行风险控制管理的目标，如无重大事故、人员伤亡数控制在多少以内、“三违”次数比上期降低多少个百分点、机器设备故障次数降低多少个百分点等。

（2）根据确定的目标，给出理想的解决方案。方案包括：风险控制管理的程序、风险识别与风险分析的方法及步骤、参与风险控制管理的人员及其职责划分、需要配合的单位及人员等。理想的解决方案应保证：风险控制管理的程序必须合理；选择的风险识别与风险分析的方法要具有可操作性、有效性；参与风险控制管理的人员的技能互补，确保风险管理小组具备足够的专业知识、技术；明确采用的评估技术方法所需要的信息种类、信息来源及需要配合的单位和个人。

（3）根据方案编制活动计划并下达活动计划。活动计划包括风险控制管理的目标、控制活动展开的时间安排，控制活动的步骤流程，控制活动每一个步骤的具体内容、每项内容的负责人员、时间分配、需要配合的单位和人员等。

6.2.3.2 执行阶段（D）

执行阶段包括一个步骤：

（4）严格按照活动计划执行，各负责人按照计划的时间、任务内容制定自己的活动计划，对工作任务、时间分配、协助人员的任务分配、配合单位和人员再次进行细分。

6.2.3.3 检查阶段（C）

检查阶段包括两个步骤：

（5）在计划执行过程中，边执行计划边评价工作成绩，如工作方法是否有效，所选的风险识别、风险分析方法操作性是否强，是否能尽可能地全面、准确地识别和分析风险，相关单位和人员的配合度是否高，小组成员是否能按时完成工作等。在检查过程中要对数据、信息等进行记录以补充原始记录、健全统计数据。

（6）对检查中发现的问题要进行科学的分析，例如：检查发现选择的风险识别技术识别危险源的效率低，则分析该方法效率低的原因，如该技术是定量技术，矿上没有足够的数据来进行定量分析或该技术是定性技术，得到的结果不准确或负责人员的专业水平不够，不会灵活使用该技术等。找出问题产生的原因后要对其进行记录。

6.2.3.4 总结处理阶段（A）

总结处理阶段包括两个步骤：

（7）对检查出的问题提出解决方案，如风险识别技术效率低，若问题出在该技术不适合煤矿的危险源识别，则换用其他的风险识别技术；若问题出在操作人员身上，其专业水平不够，不会灵活使用该方法，则对其进行培训或者换由其他人员负责。这一阶段要对好的经验进行总结、推广，并予以标准化，记录在册。错误的教训要防止再发生。

（8）对尚未解决的问题，应该转入下一轮 PDCA 工作循环予以解决。

在风险监控管理中通过使用 PDCA 循环模型就可以保证风险监控管理活动持续不断地进行，并且不断地得到完善，效果越来越好，从而消除危险源，确保矿建工程项目的安全施工生产。

6.3 矿井建设工程项目风险管理的保障体系建设

矿建工程项目作业环境艰苦，风险因素多，施工技术要求高，施工风险性大等特点决定了矿建工程项目风险管理工作的复杂性和艰巨性，为了保证矿井建设工程项目风险管理的有效进行，还需要建立一系列的保障机制，包括理念保障、组织保障、技术保障、人员保障以及制度机制保障等。这些保障机制组成了矿建工程项目风险管理保障模型，如图 6.5 所示。

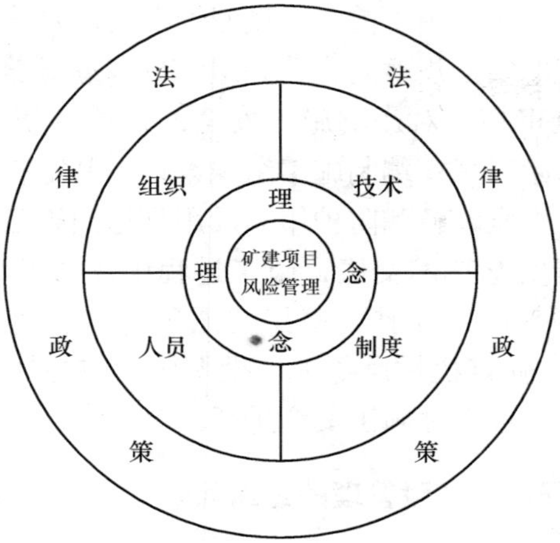

图 6.5 矿建工程项目风险管理保障体系

6.3.1 矿建工程项目风险管理的理念保障

矿井建设工程项目风险管理需要树立风险管理超前的理念和全员参与、全过程动态风险管理理念，并在此理念的指导下实施超前和全过程动态风险管理措施。

6.3.1.1 超前风险管理理念

矿建工程项目风险因素种类多、风险大。要注意教育干部职工：违规操作是事故的导火索，预防事故的根本手段是遵守安全规章规程，要牢固树立"安全第一，预防为主"风险管理理念。矿建工程项目施工的各级领导和工人都要树立超前风险管理意识，时时、处处、事事、人人都把安全放在第一位，真正把风险管理落实到矿建工程项目施工中的各个阶段、各个方面和各个环节中去。

6.3.1.2 全员参与、全过程动态风险管理理念

矿建工程项目风险管理从始至终贯穿于现场生产的所有时间，贯穿于施工的每一项施工工艺、每一项分部分项作业、每一个工种、每一位成员的生产活动，因此，应树立全过程、全方位、全员、全天候的动态风险管理理念。

6.3.1.3 超前和全过程动态风险管理措施

施工领导者在正式施工前，应做好如下的风险管理工作：在开工前，编制好工程的安全规章制度，并组织员工进行学习；从保障安全的角度进行图纸审核，对影响施工安全的地质环境，要提出应对措施，事前清除风险隐患；编制施工组织设计，制定有针对性的安全技术措施，将相关安全设备和防护用品及用具运到施工现场，并在开工前组织员工进行安全技术交底；施工过程中应做好如下风险管理工作：做好“一通三防”工作，坚持“通风可靠、抽采达标、监控有效、管理到位”，做好机械设备进场投入使用前的性能测试，安全装置的检查等工作，以保证施工安全进行。

6.3.2 矿建工程项目风险管理的组织保障

项目风险管理的实施必须依赖一个健全的风险管理组织体系。国内外大量实践表明，有没有一个分工明确、沟通顺畅、责任分明的组织架构，将直接关系到项目风险管理工作的成败。矿建工程项目风险管理的复杂性和艰巨性，决定了风险管理的顺利实施必须依赖于一个健全有效的风险管理组织框架。

项目风险管理组织架构的设计主要解决两方面的问题：

(1) 项目参与主体在风险管理中的作用与地位及其在风险管理工程中的权利配置；

(2) 各主体之间的关系以及他们之间的合作方式、职责等。

要提高风险管理工作效率和管理效果，必须有一个健全高效的组织机构，必须设置相应的风险管理职能部门，并对各级风险管理机构的职责进行合理分工，才能保证风险管理各功能的完整实现。矿建工程项目风险管理工作需要领导和职工的积极参与才能取得更好效果。因此，应从领导到班组层层建立风险管理组织，配备相关管理职能人员。根据矿建工程项目的特点和我国风险管理工作的实际情况，设置矿建工程项目的风险管理组织机构如图 6.6 所示。

(1) 项目风险管理委员会。项目风险管理委员会是项目风险管理的最高决策机构，主要由业主、承包商和监理单位的领导人员组成。项目风险管理委员会对矿建工程项目风险管理工作统一协调，主要负责有关风险管理程序以及政策方针的制定与战略决策；组织制定和监督落实有关的风险管理技术措施；协调施工、监理单位签订安全生产责任制；同时保证风险管理资源的配置与组织机构的建立，对项目的风险管理工作进行全面的监督和评价。

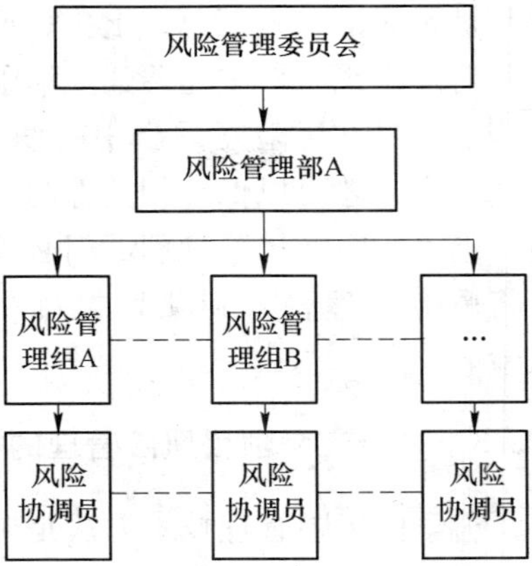

图 6.6 矿建工程项目风险管理组织

（2）风险管理部。风险管理部是风险管理的执行层，在项目风险管理委员会的指导下开展工作，主要由各职能部门的领导和专业的风险管理人员组成。主要职责是完成项目风险管理的总体规划与程序文件；协调、监督各项目部的风险管理工作，保证风险管理工作的有效实施；收集并及时反馈风险信息；给各专业风险管理执行团队提供风险管理技术支持；监控矿建工程项目风险现状与更新，总结整理风险管理状况；组织协调项目重大风险评估会议等；协调风险管理的沟通、培训与风险文化的建立。

（3）各专业风险管理组。各专业风险管理组是在项目内部按照专业分工和风险管理工作的需要设置的，主要由专业领域内的专家构成。主要职责是在风险经理领导下，在专业领域内，按照风险管理流程开展项目风险管理的日常工作；健全落实各项安全规章制度；应用科学的风险管理技术对矿建工程项目的风险因素进行识别、评估、监控，记录风险信息，整理归档并提交风险管理部。

（4）风险协调员。风险协调员作为各个业务部门领域内的风险管理专家，配合风险管理部协调风险管理工作，主要是辨识、分析与处置所发现的风险，确定风险责任人并实时监督。风险协调员应在不同的领域内各设置一名，形成部门内的风险管理小组，在部门内部开展风险识别、评价和监控等风险管理活动，同时在小组内以各种形式（如例会）充分沟通，记录整理风险信息并上报风险管理执行团队。

有效的信息沟通机制是风险管理工作的必要条件，各种风险信息必须被及时准确地汇总、上报、反馈，才能起到相应的作用，因此在风险管理组织机构中还要建立清晰的报告线，使各个部门、员工都应当明确自身在风险管理当中的职责以及各种信息需要反馈到那个部门，这样，才可以保证相关部门和员工各司其职，有条不紊地进行风险管理。同时，风险管理部门必须要与业务部门保持良好的沟通。只有将风险管理融入到项目的每一个环节，才能有效地识别和控制风险。

6.3.3 矿建工程项目风险管理的技术保障

科学的风险管理技术方法是矿建风险管理的保障。风险管理相关技术方法的研究在发达国家已经有很长的历史，近几年在我国也取得了迅速发展。目前，常用的风险管理技术主要有头脑风暴法、德尔菲技术、核查表、CIM 模型、危害与可操作性分析（HAZOP）、情景分析、失效模式与影响分析、故障树分析、蒙特卡罗模拟、贝叶斯分析、风险指数等。随着现代科学技术的发展，风险管理技术研究的进一步深入，许多新的技术方法被引入到风险管理中来，随机网络技术、模糊分析、神经网络技术、影响图方法、综合应急评审技术（SCERT）、综合系统动力学等被逐渐应用于风险管理，丰富了风险管理的技术手段。

矿建工程项目风险管理也应当形成自己的技术体系，从多个角度针对矿建工程项目风险的特征进行相应的风险管理技术的研究。一方面，针对风险管理实施过程中的各个环节提供风险识别技术、风险评价技术、风险监控技术和风险决策技术在内的具体技术支持。另一方面，要构建矿建工程项目相关的风险技术指标体系，包括基本指标体系、指标的量化方法、风险信息的收集与整理、各种参数的设置等等。总之，矿建工程项目风险管理应构建完整的风险管理技术方法库、模型库和风险管理专家库、监理风险信息库，以提高业主的风险管理能力。

基于以上思考，本书构建了矿建工程项目风险管理技术体系，其主要组成部分及各要素之间的相互关系如图 6.7 所示。

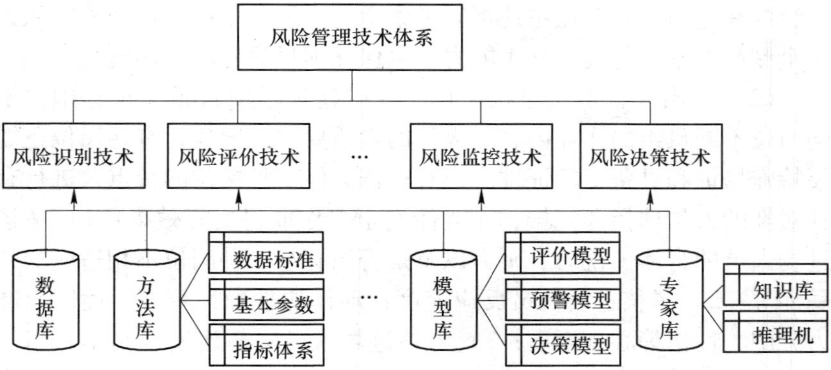

图6.7 矿建工程项目风险管理技术体系结构示意图

6.3.4 矿建工程项目风险管理的人员保障

人是生产的第一要素，是安全生产的主体。有研究表明，工业事故中大约90%与人因失误有关，甚至有国外安全专家提出“人因失误是所有事故的最基本原因”[169~171]。由于我国矿建一线的施工人员大多是施工企业招收的农民轮换工、合同工和临时工，存在未经培训就上岗的情况，他们的安全意识薄弱，矿建施工经验不足，发现和处理安全隐患能力较差，所有这些给矿井施工带来了很大的风险，成为矿井施工事故多发的一个重要因素。实际也表明，我国矿建施工中出现的风险事故多为人为原因，主要是违规操作。人安全性的改善和提高成为矿建工程项目系统安全提高的关键。同时人既是风险管理的对象，又是提高风险管理的动力。因此，人员保障是矿建工程项目风险管理的基础，要实现矿建工程项目的本质安全化，就是要求人的观念、素质与机制的高度统一。对于业主来说，需要在矿建工程项目施工中采取以下控制措施：

(1) 选择合理的承包商。矿建工程施工安全要求高，施工过程作业条件艰苦，不确定性因素多，风险大，一个合格的承包商是矿建施工安全的保证，同时也是顺利实现项目目标的保证。承包商的资质证明了承包商的施工能力和水平，我国的法律法规中明确规定了施工企业的资质等级所能承担的项目范围。业主一定要选择具备相应资质等级的承包商，同时业主还可以考察承包商所具备的项目经验，从另一个侧面考察承包商的施工能力，以保证项目目标顺利实施。

（2）突出人员素质考核关口。在矿建工程项目施工过程中，不同岗位不同班组的作业内容对人员的素质要求不一样，有些岗位还需要特殊培训和具备专门证件。只有根据具体工种岗位的特点，进行有针对性的人员选择和安排，才能使安全工作取得更好效果：1）考核进场人员的身体、视力、听力以及是否患有与工种岗位不相适应的禁忌症等；2）考核进场人员反应速度，动作的准确性、灵活性以及能力分配、性格等心理素质；3）考核进场人员对矿建安全基本知识了解、对常见事故隐患的判断能力以及对安全行为准则的认同等文化素质；4）考核进场员工对安全操作规程、操作技术水平、多工种配合等安全技术素质[172]。

（3）加强风险管理教育培训。我国煤矿建设施工人员主要由劳务人员构成，由于主观意识以及利益驱动等因素的影响，他们安全意识较低，同时业主又多要求项目快速建设，因此施工盲目冒进、违章作业、侥幸心理等不安全行为经常发生。许多风险事故的发生恰恰是这些因素引起的，因此要始终坚持做好施工工人的安全教育，提高施工人员的安全意识，同时业主要牢固树立安全第一的意识，改变进度第一的观念，采取多种形式培育安全文化，定期进行安全培训，不断强化项目部门管理人员和施工人员的安全意识。

1）把安全宣传教育作为一项制度抓落实；结合项目施工的实际，开展多种形式的安全宣传教育，举办安全文化长廊，举办专门安全生产学习班，营造安全教育氛围，激发员工对安全生产的认同感，提高员工的安全生产意识和事故预报能力。

2）加强安全文化建设；可以定期（每周）组织开展全体管理和施工人员安全学习活动，结合煤矿实际开展“安全文化大家谈”活动，在井口设置安全管理制度宣传栏，时刻提醒职工的安全意识。

3）要严格执行培训制度，培训考试不合格不得上岗。

4）要掌握培训方式的多样性和灵活性。

通过加强风险管理教育培训、营造安全氛围，切实实现“要我安全”到“我要安全”和“我会安全”的质的飞跃。

（4）建立风险管理激励机制。风险管理法规、企业科学合理的风险管理规章制度是规范和约束人的行为，是预防现场事故的保障；而法律法规及制度的实施又是建立在职工的自觉接受的基础之上，仅有强制措施的风险管理，充其量只能称为被动管理，如果仅有员工的自发因素而忽视制度的约束，必然会使风险管理步入无序。因此，非常有必要设计建立有效的激励机制，强化安全生产责任目标考核，进一步加大奖惩的力度，做到行政手段与经济手段同步，督促工作人员把安全生产放在重要的位置。

1）建立以安全为重点的绩效考核制，把安全业绩作为干部和职工晋级、晋升，奖罚的重要考核依据。

2）把工程质量、风险管理指标与职工收入直接挂钩，把风险管理工作的每一个环节都与员工工资奖金紧紧捆在一起，形成完善的奖惩体系，同时要严格考核兑现，让职工真正感受到安全生产才是真正的效益。

3）为保证风险管理工作的整体性，可实行风险管理工作连带责任制，员工违章则班组长负连带责任，班组长违章则队领导负连带责任，以此类推逐级株连，进行经济处罚，充分发挥经济在风险管理中的杠杆作用。

6.3.5 矿建工程项目风险管理的制度保障

矿建工程项目风险管理应贯彻“以人为本、安全第一、预防为主”的方针，强调“领导是关键、教育是前提、设施是基础、检查是措施、制度是保证”。因此，矿建工程项目风险管理还应建立一系列的制度和机制，以保障风险管理工作的有效进行。

6.3.5.1 沟通和协商制度

协调沟通在项目管理中发挥着重要作用，是减少摩擦、节省时间、提高效率的有效途径。在风险管理工作中，协调沟通机制能保证风险信息在各部门间有效、及时、准确地传递，促使各部门齐心协力控制风险，在风险管理工作中发挥不可忽视的作用。

在矿建工程项目风险管理过程中，项目参与各方的沟通和协商是很重要的。因为各参与方的价值观、需求、假设、观念不同，对风险的理解也不同，他们根据自己对风险的理解判断风险。这就要求建立沟通和协商机制，保证信息在各参与方之间有效交流，消除各方分歧，求同存异，以保证整个项目风险管理工作的顺利进行。同时沟通协商机制还可以充分发挥项目参与各方的积极性，分享各方风险管理的经验，有助于充分识别风险，保证各方对风险应对计划的认可和支持。

6.3.5.2 安全检查和奖罚制度

安全检查是安全生产的有力措施，要求检查到位、整改到位，可以采取定期检查和非定期检查结合的方式。定期检查如规定施工班组每天检查一次、施工分队每周一次、指挥部每月一次；非定期检查如节假日前后、季节变换前后检查等。同时要深入开展群众性的安全检查活动，做到周排查，日巡查，班班有安全准入检查，做到月月有检查，月月有重点。

要注意安全管理责任落实到位，与各项目部、施工班组、个人签订安全管理责任协议，明确责任事故，作为检查考核的基础。在检查的基础上进行综合考核、评价，表彰先进的个人、施工班组和部门，处罚不合格者。特别是要把安全管理成效的大小与干部的“面子、票子、帽子”直接挂钩，实行安全风险抵押金制度，采取重奖重罚措施，同时以安全论实绩，以安全作为重点考核，增强各级管理人员的责任感，使干部在入井时间、任务、管理、责任做到“四到位”，能够在现场发现问题，现场解决问题。

6.3.5.3 风险管理例会制度

各施工分队每天组织召开风险管理列会，主要参加人员有分队队长、质检负责人、技术主管、测量主管、技术员和测量员，主要就每天风险监控的结果、新发现的风险源进行讨论，制定相应的风险应对措施，加以记录并及时上报。

6.3.6 法律政策保障

我国一系列的与风险管理相关的法律法规和政策，对风险管理的范围、目标、内涵、实施步骤、相关机构和负责人的责任、义务等做了详尽的规定，为矿建工程项目风险管理的顺利实施提供了法律和政策依据。我国现行的法律法规一般围绕项目建设报批程序、招投标管理、监管监察等方面做了规定。

(1) 严格履行煤矿建设报批程序，切实做到依法依规建设。认真贯彻执行国家发改委等五部门《关于加强煤矿建设项目管理的通知》(发改能源〔2006〕1039号)要求，严格执行煤矿建设项目报批程序。凡未经核准、未经安全设施设计审批以及越权审批、未批先建、批小建大等违规项目一律禁止开工建设，已经开工的必须立即停止施工。

(2) 加强煤矿建设项目招投标管理。煤矿建设项目施工单位必须具备与建设项目相符的资质条件，高瓦斯、煤(岩)与瓦斯(二氧化碳)突出及水害严重的建设项目，其施工单位必须具有相同类型项目的施工业绩。招标项目需要划分标段的，要认真执行《招标投标法》，以有利于施工安全为前提，合理划分工程标段，严格控制单项工程(或同类专业工程)施工单位数量。

(3) 加强煤矿建设安全监管监察。各级煤矿安全监管部门和监察机构严格审查煤矿建设项目安全设施设计，将煤矿建设项目纳入"三项检查"，重点围绕安全技术管理体系建立和落实情况、安全生产法规标准和规程执行情况、重大灾害预防技术措施落实情况开展检查监管，加大执法力度，督促业主和施工单位加强施工风险管理，提升风险管理水平。

6.4 本章小结

风险的有效控制和防范是矿建工程项目风险管理的目的。本章在风险识别和风险评价的基础上，对矿建工程项目风险应对策略进行分析，初步构建了矿建工程项目风险的监控预警系统和矿建工程项目风险监控的PDCA循环模式，对矿建工程项目风险进行动态监控，并进一步提出矿建工程项目风险管理保障体系，从理念、组织、技术、人员和制度5个方面展开论述。

7 矿建工程项目风险评估实例

本章结合龙固矿建工程项目的实际情况，运用第 5 章构建的矿建工程项目风险评估方法，对其风险进行评估。

7.1 龙固矿建工程项目基本情况介绍

7.1.1 龙固矿井基本情况介绍

龙固矿井位于鲁西南巨野煤田的中南部，属黄河冲积平原，地形平坦，水系比较发育，河流沟渠纵横成网。井田为全隐蔽的华北型石炭、二迭系煤田。全井田含煤面积 $180km^2$，拥有地质储量 16.83 亿吨，矿井主要煤类为肥煤、1/3 焦煤。主采 3 煤层属低灰、低硫、低磷、高挥发分、结焦性能好的优质煤，可作炼焦配煤和良好的动力用煤及气化液用煤。3 煤层分布于全井田，平均厚度 6.88m，属特厚煤层，较稳定，煤层结构较简单，适宜高产高效综采放顶煤或综合机械化开采，煤层生产能力大，产量高，经济效益好。

矿井构造复杂程度属中等，总体走向呈大致南北、倾向东的单斜构造，初期开采范围经三维地震勘探得知构造简单。煤层倾角平缓，一般 5°~9°。矿井第四系底层平均厚度 158.43m，上第三系底层平均厚 497.01m，新生界地层厚度 530~720m，主要由黏土、砂质黏土、砂、粉细砂、砂砾层等组成，对于井筒施工有一定难度。主采 3 煤层大部分埋深在 800m 以下，煤层底板温度平均 41.38℃，属于二级高温热害。

总体来看，矿井交通便利，电源可靠，通信发达，水源较充沛，建筑材料供应渠道畅通，劳动力充足，矿井外部建设条件优越。矿井主采煤层赋存较稳定，煤层厚，煤层生产能力大；煤类紧缺、煤质优良；井田面积大，储量丰富，资源可靠；构造程度中等，开采条件良好，具备了建设现代化特大型矿井的必要的资源条件；而新生界地层厚、煤层埋藏深、地温高，给矿井建设和开采带来一定的难度。

7.1.2 龙固矿建工程项目概况

龙固矿井建设的生产能力为：矿井 600 万吨/年（其中一期 300 万吨/年），选煤厂 600 万吨/年（其中一期 300 万吨/年）；矿井设计井巷工程量为：井巷长度 31129m（一期 22366m），万吨掘进 51.9m（一期 74.6m）；工业场地建筑总面积 73405m^2（一期 45240m^2），其中：矿井 47388m^2（一期 26943m^2），选煤厂 26017m^2（一期 18297m^2）；总占地面积 69.388hm^2，其中：工业场地（含风井工业场地）14.342hm^2，选煤厂工业场地 13.187hm^2，铁路专用线 26.5hm^2，公路 4.985hm^2，临时矸石堆场 9hm^2，单身宿舍及救护队 1.401hm^2；计划建设工期：矿井一期 44 个月，选煤厂一期 12 个月；项目基价总投资预算：282796.37 万元（一期 144913.57 万元），其中：矿井 217548.93 万元（一期 1151.26 万元），选煤厂（含铁路专用线）45247.44 万元（一期 29787.32 万元）。

龙固矿建工程项目不同于一般的矿建工程项目，其特殊点在于：

（1）矿井建设要求高。龙固矿井是国家“十五”重点建设项目、设计年产量 600 万吨/年的特大型矿井。此矿井建设要求实现生产高度集中化、开采系统合理化、采掘综合机械化、煤流运输连续化、辅助运输单一化、提升系统自动化、辅助生产机械化、监控管理信息化。

（2）井筒多，冻结深。矿井采用立井分区开拓，前期以主井（2 个，一、二期各 1 个）、副井和中央风井四个井田开拓西区，井底水平 −800m。后期在东部以副井和回风井两个井筒开拓东区，井底水平为 −950m。最终形成集中出煤，分区开拓的布局。

矿井井筒处的表土厚度约为 530 ~ 570m，设计时是国内第一冻结深度，其中副井是目前世界上冻结冲积层最深的井筒。井筒设计和施工是本矿井建设难点所在，需攻克一系列技术难题，如冻结法施工的冻结孔偏斜控制；冻结壁和井壁的设计；深井高温条件下冻结技术和施工工艺；钻井法施工的偏斜控制、高强度井壁的设计和施工、井壁竖向附加力设计、泥浆处理等。

（3）井壁结构形式复杂。龙固矿井550m左右的新生代不稳定地层，不论采用冻结法还是钻井法，其井壁结构设计都是不容忽视的重要课题。通过对国内外几种井壁结构形式的研究，最终确定钻井井壁结构：150m以上为钢筋混凝土，150m以下为钢板混凝土井壁。冻结井筒井壁结构：350m左右以上为双层钢筋混凝土井壁，350m以下，外层为球磨铸铁弧形板加现浇混凝土井壁，内层为钢板混凝土井壁。为解决井壁竖向附加力的问题，设计考虑可采用加竖向可缩性街头的井壁方案。

（4）井下温度高。龙固矿井煤层埋藏深，平均在950m左右，原岩温度37.1～53.4℃，采用通常的通风降温法难以满足煤矿安全规程的规定，必须采取综合的降温措施，需进行专门的矿井降温设计。

（5）高涌水量。根据地质报告，矿井涌水量预计为3煤层顶底板砂岩水和三灰水两部分，其中3煤层顶底板砂岩涌水量154m^3/h，三灰涌水量76m^3/h，合计矿井正常涌水量为230m^3/h。实际施工过程中，涌水量大大超过预期，达到1000m^3/h以上，给生产带来很大的困难，影响了工程工期。通过采取专业治水研究，煤矿建设的涌水量控制在正常水平，使施工得到顺利进行。

（6）煤炭资源的充分解放。井田内除龙固集（包括龙固、康庄、罗庄、孔庄）与管庄人口多，房屋稠密，搬迁困难外，另外铁路公路下压煤。解放村庄下压煤对工程效益有重要影响。

7.1.3　龙固矿建工程项目风险管理现状

龙固矿采用钻井法施工。钻井深度：主井1、主井2均为583m。冻结深度：风井为580m；对于副井冻结深度，根据井筒附近钻孔资料，提出了600m和650m两个方案。因井筒冻结深度大，是目前世界上冻结冲积层最深的井筒，为降低井筒冻结难度和井筒造价，在施工方法上，利用冻结孔延伸，进行地面预注浆。

为保证矿建工程项目按期按质按量低成本顺利完成，取得最佳经济效益。龙固矿建设过程中制定和实施了一系列灾害预防和防治措施。要求在煤矿基建和生产阶段，注意加强矿井建设及生产中的地质研究工作，以进一步掌握区内地质规律，获得生产所必需的各类地质资料；考虑到矿区新生界地层较厚，井筒建设条件比较困难，加强了有关工程地质的研究，采取了更有效的技术对策与措施；因区内浅层地下水的水质较差，要求有关水源勘探应及早进行，及时提交水源勘探报告；建立了地下水位长期观测系统，以便了解各含水层间的水力联系以及矿井的充水影响，防止水害事故的发生。

结合龙固矿井瓦斯含量较低，各可采煤层有自燃发火倾向和煤尘爆炸危险，以及水患等不安全因素。要求在矿井建设和生产过程中，必须严格执行《煤矿安全规程》的有关规定，坚持“预防为主，防治结合，综合治理”的原则，重点防范瓦斯、煤尘、水、火的威胁以及热害的治理，制定了具体的防治措施。

7.1.3.1 瓦斯灾害的预防

（1）建立瓦斯的个体巡回检测和连续检测的双重检测系统，可靠地预防和控制瓦斯事故的发生。

（2）严格掌握风量分配，加强通风管路，保证井下各用风地点有足够的新鲜风流。生产中严格管路管理制度，设专职瓦斯检查员，对工作地点经常进行各种有害气体和风量测定。

（3）在采掘工作面、采区回风巷及与其相互连接的上、下顺槽中设置瓦斯超限警报仪，监测风流中的瓦斯含量，并将信息及时传送到地面控制室。在工作地点设置瓦斯断电仪，当瓦斯含量超限时及时自动切断电源。

（4）加强对各种通风设备及安全设施的管理。

（5）加强机电设备的检查和维修，保持良好的防爆性能。

（6）按井下在册人员配备过滤式自救器。

7.1.3.2 粉尘的防治

（1）采煤机和掘进机必须配备有效可靠的内外喷雾降尘装置；掘进工作面设置除尘风机。

（2）带式输送机设在回风巷道内，使风流和煤流顺向通行，并按规程规定控制风速，防治煤尘飞扬。

（3）利用环境安全监测系统，及时测定风流中的粉尘浓度。

(4) 建立完善防尘、洒水降尘管理系统。

(5) 对于容易积存煤尘之处，应定期进行清扫和冲洗。

(6) 井下煤仓和溜煤眼应经常保持一定的存煤，不得放空，防止煤仓和溜煤眼进风。

(7) 矿井两翼相邻的采区、相邻煤层和相邻的工作面、所有运输机巷道和回风巷道，必须设置隔爆水棚隔开或清洗巷道。

(8) 采、掘工作面的工人应按规程规定佩戴防尘帽和防尘口罩。

7.1.3.3　水灾防治

(1) 在矿井建设和生产过程中自始至终都要认真做好水文地质工作，切实掌握水文情况，保证矿井安全施工和生产。

(2) 为了防止钻孔沟通第三系和第四系含水层，采区准备施工前，应严格检查封孔质量，不合乎要求的必须重新启封。

(3) 在落差较大的断层两侧必须留有足够的防水煤柱。当掘进工作面接近断层时，必须打超前钻孔探水。

(4) 从建井阶段到生产初期还没有充分掌握水文情况并建立相应可靠的排水设施之前，应尽量避免穿过深部石灰岩和断层，以保证矿井安全。

(5) 在灌浆区附近掘进时，必须先探放水，在确认无水时，方能掘进。

(6) 需要对第三系底部砾岩含水层、隔水层进行研究，不要盲目地提高开采上限。要限制采高或采取其他采煤方法，确保裂隙带的高度不使第三系底部砾岩水溃入井下。

7.1.3.4　顶板灾害防治

(1) 煤矿煤层埋藏大部分在800m以下，预计地压较大，因此矿井在生产时应加强顶板管理。

(2) 巷道在施工过程中，及时有效地支护顶板，防止其早期离层，保证顶板完好。

(3) 回采前用钻屑法或钻孔应力及检测法对工作面进行冲击倾向性及危险性探测。

(4) 用超前放震动炮的方法对冲击倾向实施超前防治。

(5) 为降低煤体的弹性和强度，在工作面超前煤体中实行高压注水。

（6）巷道施工过断层时，应加强支护，防止其冒顶。

7.1.3.5 防火灌浆

（1）对采空区进行预防性灌浆，利用防火灌浆管路，随采随灌。由于煤层埋藏深，灌浆量大，为便于管理和提高效率，需采用集中灌浆系统。

（2）根据本矿的地理位置及地面条件，矿井初期暂确定采用黄土作为灌浆材料。

（3）采用集中灌浆系统，在工业场地主井附近设集中防火灌浆搅拌站、泥浆池。黄土经高压水枪冲洗后由泥浆沟经筛板进入搅拌池，通过搅拌机将黄土搅拌均匀，下至主井减压装置减压后，进入总回风巷的干管管道送至各回采工作面的上顺槽，最后经顺槽内的支管送至回采工作面。

7.1.3.6 氮气防灭火

根据《煤矿安全规程》规定，采用放顶煤采煤法开采容易自燃的厚及特厚煤层时，应选用注入惰性气体等综合防火措施。龙固矿井将注氮系统作为防灭火的主要措施之一。

龙固矿在瓦斯、煤尘、水、火以及热害等方面制定的具体防治措施，为煤矿建设的安全顺利实施起到了重要的作用。但是风险是多种因素综合作用的结果，还需要加强对设计、人员、材料设备、组织管理等多方面潜在风险因素的管理。

7.2 龙固矿建工程项目的风险评估

本节应用第5章建立的矿建工程项目风险未确知测度模型对龙固矿建工程项目的风险进行评价，并运用后果可能性矩阵确定龙固矿建工程项目的风险等级。

7.2.1 龙固矿建工程项目的风险影响程度评估

7.2.1.1 单指标未确知测度

本书依据未确知测度模型，对龙固矿建工程项目风险的影响程度进行评价。依据5.3节中建立的评价指标体系，在参加煤矿建设工程的人员中找出富有经验的10位专家对此项目的设计技术、施工技术、人员水平、设备材料、组织管理、经济社会环境和自然地质环境七个一级指标下的28个二级指标进行评价，评语空间为｛强、较强、一般、较弱、弱｝，每项指标以10分计，分布在5个等级上。对此每项指标评价的得分均得10分，区别在于每个待评指标所得的等级分数不同。这样的打分原则是公正的，且符合“非负性、可加性、归一性”的测量准则。把所有人对每个指标区间的得分相加，统计数据见表7.1。

表7.1 龙固矿建工程项目风险因素影响程度得分统计表

一级指标	二级指标	强	较强	一般	较弱	弱
设计技术风险	设计未考虑施工可能性	26	32	30	12	0
	设计存在缺陷和失误	28	22	28	7	15
	设计规范/技术指标采用不恰当	34	44	14	8	0
施工技术风险	不合理的施工技术	4	59	31	6	0
	不合理的施工工艺	4	54	22	9	11
	井筒/巷道开拓方式不合理	4	51	24	19	2
	井筒/巷道支护方式不合理	4	40	33	22	1
人员水平风险	业主管理人员的管理能力和经验与项目要求不符	10	51	39	0	0
	项目经理的能力和管理水平与项目要求不符	20	37	36	7	0
	施工技术人员的技术、能力和水平与项目要求不符	0	58	17	22	3
	承包商（供应商）履约能力低	2	54	35	9	0
材料设备风险	材料设备质量不符合要求	20	46	12	12	9
	材料设备未能按约定时间送到施工现场	20	36	27	17	0
	材料设备型号/规格出现差错	44	24	24	8	0
	新型特殊材料设备使用不当	6	50	59	5	0
组织管理风险	合同内容不完备，要求不明确	10	31	37	22	0
	施工安全保护措施存在漏洞	0	48	21	31	0
	施工现场管理不规范	0	30	48	14	8

续表 7.1

一级指标	二 级 指 标	强	较强	一般	较弱	弱
组织管理风险	参与各方缺少沟通与协作	8	54	12	21	5
	业主提供的资料不完全，要求不明确	0	19	57	14	10
	相应的监督激励措施不健全	10	56	3	31	0
	招投标过程不规范	8	42	33	17	0
经济社会环境风险	国家相关政策重大调整	26	36	29	9	0
	利益相关者的阻力	0	26	55	19	0
	宏观经济波动	36	19	33	7	5
自然地质环境风险	工程地质条件与勘探差异	16	38	24	17	5
	瓦斯、粉尘、地压等灾害	46	24	29	1	0
	恶劣的天气条件（高温、暴雨等）	10	50	32	8	0

7.2.1.2 指标权重的确定

A 指标层（二级指标）权重的确定

指标层（二级指标）的权重使用信息熵法来确定。在此以设计技术风险为例解释其计算过程，施工技术风险、人员水平风险、材料设备风险、组织管理风险、经济社会环境风险、自然地质环境风险依此类推。根据表 7.1 的统计数据，依据公式（5.7），得到设计技术风险的单指标测度矩阵 $\boldsymbol{\mu}_{1j}$ 如下：

$$\boldsymbol{\mu}_{1j}=\begin{bmatrix}0.26 & 0.32 & 0.30 & 0.12 & 0\\ 0.28 & 0.22 & 0.28 & 0.07 & 0.15\\ 0.34 & 0.44 & 0.14 & 0.08 & 0\\ 0.04 & 0.59 & 0.31 & 0.06 & 0\end{bmatrix}$$

根据公式（5.9）~公式（5.12）计算设计技术风险各个指标权重如下：

$w_{1r}=(0.2442,0.2298,0.2539,0.272)$

同理，可得施工技术风险、人员水平风险、材料设备风险、组织管理风险、经济社会环境风险、自然地质环境风险各个指标权重如下：

$w_{2r}=(0.3313,0.336,0.3327)$

$w_{3r}=(0.1403, 0.2666, 0.2924, 0.3006)$

$w_{4r}=(0.2293, 0.237, 0.2494, 0.843)$

$w_{5r}=(0.1375, 0.1484, 0.142, 0.1387, 0.1441, 0.1492, 0.1401)$

$w_{6r}=(0.3156, 0.392, 0.2923)$

$w_{7r}=(0.2746, 0.3639, 0.354)$

B 因素层（一级指标）权重的确定

一级指标权重的确定采用改进层次分析法，其中原始数据的获得采用德尔菲法。

设计指标权重调查表（表7.2），请专家根据各指标的相对重要度，按1~9标度进行打分。专家需根据设计技术风险、施工技术风险、人员水平风险、材料设备风险、组织管理风险、经济社会环境风险、自然地质环境风险七个方面对矿建工程项目风险的作用大小进行两两比较，按1~9标度进行打分，并将比较结果填入权重调查表。为便于专家正确判断，合理使用本表，结合1~9标度的特点给出填表说明如下：

(1) 以对角线为界，只填右上部分；因为判断矩阵为逆对称矩阵，即有 $b_{ij}\times b_{ji}=1$，所以各专家只需要给出上半矩阵的分值即可。

(2) 行要素与列要素相比，行要素为前者，列要素为后者；也就是说，以表的左边列要素为前者，以表的最上面横行的要素为后者。

表7.2 矿建工程项目风险指标权重调查表

指 标	设计技术风险	施工技术风险	人员水平风险	材料设备风险	组织管理风险	经济社会环境风险	自然地质环境风险
设计技术风险	1						
施工技术风险		1					
人员水平风险			1				
材料设备风险				1			
组织管理风险					1		
经济社会环境风险						1	
自然地质环境风险							1

按照上文介绍的德尔菲法的基本步骤，通过反复3次征求了15名专家的意见，将专家意见加以综合，从而确定、调整和改进比较判断指标。根据收集的数据列出判断矩阵构成表。矿建工程项目风险指标的权重判断矩阵见表7.3。

表7.3 矿建工程项目风险指标的权重判断矩阵

指　标	设计技术风险	施工技术风险	人员水平风险	材料设备风险	组织管理风险	经济社会环境风险	自然地质环境风险
设计技术风险	1	2	2	1	2	1/3	1/4
施工技术风险	1/2	1	1/2	1	1	1/3	1/5
人员水平风险	1/2	2	1	1/2	1	1/2	1/3
材料设备风险	1	1	2	1	2	1/3	1/4
组织管理风险	1/2	1	1	1/2	1	1/3	1/4
经济社会环境风险	3	3	2	3	3	1	1/2
自然地质环境风险	4	5	3	4	4	2	1

根据改进层次分析法的步骤，计算出矿建工程项目风险各一级指标的权重如下：

$\boldsymbol{w}_i$ = (0.0781, 0.1095, 0.1335, 0.1051, 0.1516, 0,09521, 0.3271)

由此可以得到各个指标的权重，见表7.4。

表7.4 各个指标的权重表

一级指标	权重	二级指标	权重
设计技术风险	0.0781	设计未考虑施工可能性	0.2442
		设计存在缺陷和失误	0.2298
		设计规范/技术指标采用不恰当	0.2539
		不合理的施工技术	0.272
施工技术风险	0.1095	不合理的施工工艺	0.3313
		井筒/巷道开拓方式不合理	0.336
		井筒/巷道支护方式不合理	0.3327
人员水平风险	0.1335	业主管理人员的管理能力和经验与项目要求不符	0.1403
		项目经理的能力和管理水平与项目要求不符	0.2666

续表 7.4

一级指标	权重	二级指标	权重
人员水平风险	0.1335	施工技术人员的技术、能力和水平与项目要求不符	0.2924
		承包商（供应商）履约能力低	0.3006
材料设备风险	0.1051	材料设备质量不符合要求	0.2293
		材料设备未能按约定时间送到施工现场	0.237
		材料设备型号/规格出现差错	0.2494
		新型特殊材料设备使用不当	0.2843
组织管理风险	0.1516	合同内容不完备，要求不明确	0.1375
		施工安全保护措施存在漏洞	0.1484
		施工现场管理不规范	0.142
		参与各方缺少沟通与协作	0.1387
		业主提供的资料不完全，要求不明确	0.1441
		相应的监督激励措施不健全	0.1492
		招投标过程不规范	0.1401
经济社会环境风险	0.0952	国家相关政策重大调整	0.3156
		利益相关者的阻力	0.392
		宏观经济波动	0.2923
自然地质环境风险	0.3271	工程地质条件与勘探差异	0.2746
		瓦斯、粉尘、地压等灾害	0.3639
		恶劣的天气条件（高温、暴雨等）	0.354

C 综合评价

a 二级指标未确知综合测度

关于设计技术风险 x_1 的单指标测度评价矩阵（5.7）已知，关于 x_1 的各指标分类权重向量为式（5.12）。利用公式（5.13）计算设计技术风险的综合测度向量。

$$\boldsymbol{\mu}_1 = \boldsymbol{w}_{1r} \cdot \boldsymbol{\mu}_{1j} = (0.2442, 0.2298, 0.2539, 0.272) \begin{bmatrix} 0.26 & 0.32 & 0.30 & 0.12 & 0 \\ 0.28 & 0.22 & 0.28 & 0.07 & 0.15 \\ 0.34 & 0.44 & 0.14 & 0.08 & 0 \\ 0.04 & 0.59 & 0.31 & 0.06 & 0 \end{bmatrix}$$

$$= (0.2251, 0.4009, 0.2575, 0.082, 0.0345)$$

同理可以计算施工技术风险、人员水平风险、材料设备风险、组织管理风险、经济社会环境风险、自然地质环境风险的综合测度向量。

$$\boldsymbol{\mu}_2 = (0.04, 0.4833, 0.2633, 0.1669, 0.0465)$$
$$\boldsymbol{\mu}_3 = (0.0734, 0.5022, 0.3057, 0.11, 0.0088)$$
$$\boldsymbol{\mu}_4 = (0.2201, 0.3928, 0.3191, 0.102, 0.0206)$$
$$\boldsymbol{\mu}_5 = (0.051, 0.4011, 0.2997, 0.2155, 0.0327)$$
$$\boldsymbol{\mu}_6 = (0.1873, 0.2711, 0.4036, 0.1234, 0.0146)$$
$$\boldsymbol{\mu}_7 = (0.2467, 0.3687, 0.2847, 0.0786, 0.0137)$$

于是得到各二级指标的未确知综合测度矩阵：

$$\boldsymbol{\mu}_i = \begin{bmatrix} 0.2251 & 0.4009 & 0.2575 & 0.082 & 0.0345 \\ 0.04 & 0.4833 & 0.2633 & 0.1669 & 0.0465 \\ 0.0734 & 0.5022 & 0.3057 & 0.11 & 0.0088 \\ 0.2201 & 0.3928 & 0.3191 & 0.102 & 0.0206 \\ 0.051 & 0.4011 & 0.2997 & 0.2155 & 0.0327 \\ 0.1873 & 0.2711 & 0.4036 & 0.1234 & 0.0146 \\ 0.2467 & 0.3687 & 0.2847 & 0.0786 & 0.0137 \end{bmatrix}$$

b　一级指标未确知综合测度

利用改进层次分析法得到一级指标的重要性权重向量：

$$\boldsymbol{w}_i = (0.0781, 0.1095, 0.1335, 0.1051, 0.1516, 0.09521, 0.3271)$$

由式（5.13）对评价对象做未确知综合评价为：

$$\boldsymbol{\mu} = \boldsymbol{w}_i \cdot \boldsymbol{\mu}_i = (0.0781, 0.1095, 0.1335, 0.1051, 0.1516, 0.0952, 0.3271) \begin{bmatrix} 0.2251 & 0.4009 & 0.2575 & 0.082 & 0.0345 \\ 0.04 & 0.4833 & 0.2633 & 0.1669 & 0.0465 \\ 0.0734 & 0.5022 & 0.3057 & 0.11 & 0.0088 \\ 0.2201 & 0.3928 & 0.3191 & 0.102 & 0.0206 \\ 0.051 & 0.4011 & 0.2997 & 0.2155 & 0.0327 \\ 0.1873 & 0.2711 & 0.4036 & 0.1234 & 0.0146 \\ 0.2467 & 0.3687 & 0.2847 & 0.0786 & 0.0137 \end{bmatrix}$$

$$= (0.1611, 0.3998, 0.3003, 0.1202, 0.2196)$$

D 评价准则

由于评语等级划分是有序的，第 k 个评语等级 c_k“好于”第 $k+1$ 个评语等级 c_{k+1}，所以改用置信度识别准则。取 $\lambda = 0.6$，由

$$k_0 = \min_k \left[\left(\sum_{l=1}^{k} \mu_{il} \right) \geqslant 0.6, k = 1,2,\cdots,K \right]$$

得到设计技术风险、施工技术风险、人员水平风险、材料设备风险、组织管理风险、经济社会环境风险、自然地质环境风险和总风险对应的评价等级分别是 c_2、c_3、c_3、c_2、c_3、c_3、c_2 和 c_3。

由此，从未确知综合评价结果可以看出，就风险后果的影响程度而言，此矿建工程项目总风险水平属于一般等级。具体到矿建工程项目风险的各个风险要素来说，目前施工技术风险、人员水平风险、组织管理风险、经济社会环境风险的影响程度一般，而设计技术风险、材料设备风险和自然地质环境风险较高。由此可知，为了降低此矿井建设项目的风险，管理者对各因素进行风险管理及资源配置的优先次序为：设计技术风险、材料设备风险、自然地质环境风险、施工技术风险、人员水平风险、组织管理风险、经济社会环境风险。

结合第 4 章的分析可以看出，此评价结果是与矿建工程项目的特点相符合的。由于设计技术的选择决定着施工技术、施工管理方式的选择，从而决定了项目的质量、成本和工期，因此，一旦设计技术存在风险，就会影响到项目的质量、成本和工期，其影响的严重程度是很高的。对于矿建工程项目这种地下复杂的工程项目而言，其设备材料的质量不仅直接关系到矿井的建设质量，而且与项目竣工后的煤矿生产质量紧密相关，关系到矿井的生产效益和人员的生命安全，一旦发生事故，其造成的严重程度是很高的；矿建工程项目是一种复杂地下工程，其面临的自然地质环境很难控制，一旦发生风险，势必影响工程的质量、工期和成本，因此，其造成的严重程度也是比较高的。而目前我国稳定的经济社会环境决定了经济社会环境对矿建工程项目的影响程度不大，此矿建工程项目所属的矿业集团悠久的历史和丰富的建井经验使得此项目的施工技术风险、人员水平风险、组织管理风险的影响程度一般。

7.2.2 龙固矿建工程项目的风险发生可能性评估

7.2.2.1 单指标未确知测度

本书依据未确知测度模型，对龙固矿建工程项目风险因素发生可能性进行评价。依据本书5.3节中建立的评价指标体系，在参加此矿建工程项目的人员中找出富有经验的10位专家对此项目的设计技术、施工技术、人员情况、设备材料、组织管理、经济社会环境和自然地质环境7个一级指标下的28个二级指标根据此项目目前情况进行评价，评语空间为｛强、较强、一般、较弱、弱｝，每项指标以10分计，分布在5个等级上。对此每项指标评价的得分均得10分，区别在于每个待评指标所得的等级分数不同。这样的打分原则是公正的，且符合“非负性、可加性、归一性”的测量准则。此矿建工程项目各个风险因素发生的可能性（各个指标）得分统计数据见表7.5。

表7.5 龙固矿建工程项目风险因素发生可能性得分统计表

一级指标	二级指标	强	较强	一般	较弱	弱
设计技术风险	设计未考虑施工可能性	0	26	58	16	0
	设计存在缺陷和失误	0	36	27	27	10
	设计规范/技术指标采用不恰当	0	54	30	16	0
	不合理的施工技术	0	46	20	34	0
施工技术风险	不合理的施工工艺	20	20	23	29	8
	井筒/巷道开拓方式不合理	0	20	52	28	0
	井筒/巷道支护方式不合理	0	13	28	42	17
人员水平风险	业主管理人员的管理能力和经验与项目要求不符	0	19	32	29	20
	项目经理的能力和管理水平与项目要求不符	0	24	40	36	0
	施工技术人员的技术、能力和水平与项目要求不符	0	20	40	35	5
	承包商（供应商）履约能力低	10	21	34	28	7

续表 7.5

一级指标	二级指标	强	较强	一般	较弱	弱
材料设备风险	材料设备质量不符合要求	0	22	24	47	7
	材料设备未能按约定时间送到施工现场	22	18	17	33	10
	材料设备型号/规格出现差错	0	0	46	36	18
	新型特殊材料设备使用不当	10	14	33	33	10
组织管理风险	合同内容不完备，要求不明确	0	36	32	32	0
	施工安全保护措施存在漏洞	20	16	36	28	0
	施工现场管理不规范	10	28	20	35	7
	参与各方缺少沟通与协作	0	46	12	33	9
	业主提供的资料不完全，要求不明确	10	23	37	25	5
	相应的监督激励措施不健全	0	6	56	38	0
	招投标过程不规范	2	18	25	55	0
经济社会环境风险	国家相关政策重大调整	26	16	41	17	0
	利益相关者的阻力	0	16	37	42	5
	宏观经济波动	0	16	41	23	20
自然地质环境风险	工程地质条件与勘探差异	0	40	38	12	10
	瓦斯、粉尘、地压等灾害	20	22	40	14	4
	恶劣的天气条件（高温、暴雨等）	0	26	32	24	20

7.2.2.2 指标权重的确定

根据式（5.9）~式（5.12）计算各个二级指标权重，一级指标权重的确定采用与影响程度相同的方法和结果，具体权重结果见表7.6。

表7.6 各个指标的权重表

一级指标	权重	二级指标	权重
设计技术风险	0.0781	设计未考虑施工可能性	0.2584
		设计存在缺陷和失误	0.2331
		设计规范/技术指标采用不恰当	0.2564
		不合理的施工技术	0.2521

续表 7.6

一级指标	权重	二级指标	权重
施工技术风险	0.1095	不合理的施工工艺	0.3062
		井筒/巷道开拓方式不合理	0.3609
		井筒/巷道支护方式不合理	0.3329
人员水平风险	0.1335	业主管理人员的管理能力和经验与项目要求不符	0.2321
		项目经理的能力和管理水平与项目要求不符	0.2682
		施工技术人员的技术、能力和水平与项目要求不符	0.2518
		承包商（供应商）履约能力低	0.2478
材料设备风险	0.1051	材料设备质量不符合要求	0.263
		材料设备未能按约定时间送到施工现场	0.2201
		材料设备型号/规格出现差错	0.2874
		新型特殊材料设备使用不当	0.2296
组织管理风险	0.1516	合同内容不完备，要求不明确	0.1477
		施工安全保护措施存在漏洞	0.1371
		施工现场管理不规范	0.1317
		参与各方缺少沟通与协作	0.1434
		业主提供的资料不完全/要求不明确	0.133
		相应的监督激励措施不健全	0.1579
		招投标过程不规范	0.1492
经济社会环境风险	0.0952	国家相关政策重大调整	0.3222
		利益相关者的阻力	0.3579
		宏观经济波动	0.32
自然地质环境风险	0.3271	工程地质条件与勘探差异	0.3463
		瓦斯、粉尘、地压等灾害	0.2917
		恶劣的天气条件（高温、暴雨等）	0.304

7.2.2.3 综合评价

利用公式（5.13）计算各类风险发生可能性的综合测度向量，设计技术风险、施工技术风险、人员水平风险、材料设备风险、组织管理风险、经济社会环境风险、自然地质环境风险发生可能性的综合测度向量结果如下：

$\boldsymbol{\mu}_1 = (0, 0.4055, 0.3402, 0.231, 0.0233)$

$\boldsymbol{\mu}_2 = (0.0612, 0.1767, 0.3513, 0.3297, 0.0811)$

$\boldsymbol{\mu}_3 = (0.0569, 0.2449, 0.3151, 0.3544, 0.0288)$

$\boldsymbol{\mu}_4 = (0.0248, 0.2109, 0.3666, 0.3214, 0, 0764)$

$\boldsymbol{\mu}_5 = (0.0714, 0.1296, 0.3085, 0.3754, 0.1151)$

$\boldsymbol{\mu}_6 = (0.0838, 0.16, 0.3957, 0.2787, 0.0819)$

$\boldsymbol{\mu}_7 = (0.0583, 0.2817, 0.3456, 0.1553, 0.1071)$

利用公式 μ_1、μ_2、μ_3、μ_4、μ_5、μ_6、μ_7 和公式（5.13）计算得到

$\boldsymbol{\mu} = (0.0532, 0.2373, 0.3449, 0.2676, 0.0802)$

7.2.2.4 评价准则

评语等级划分是有序的，第 k 个评语等级 c_k“好于”第 $k+1$ 个评语等级 c_{k+1}，所以改用置信度识别准则。取 $\lambda = 0.6$，由

$$k_0 = \min_k \left[\left(\sum_{l=1}^{k} \mu_{il} \right) \geqslant 0.6, k = 1, 2, \cdots, K \right]$$

得到设计技术风险、施工技术风险、人员水平风险、材料设备风险、组织管理风险、经济社会环境风险、自然地质环境风险和总风险对应的评价等级分别是 c_3、c_4、c_3、c_4、c_3、c_3、c_3 和 c_3。

由此，从未确知综合评价结果可以看出，就风险发生可能性而言，此矿建工程项目总风险水平属于一般等级。具体到矿建工程项目风险的各个风险要素来说，目前设计技术风险、人员水平风险、组织管理风险、经济社会环境风险、自然地质环境风险发生的可能性为一般，而施工技术风险、材料设备风险发生的可能性较低。由此可知，为了降低此矿建工程项目风险发生的可能性，管理者对各因素进行风险管理及资源配置的优先次序：设计技术、自然地质风险、人员水平、组织管理、经济社会环境和材料设备风险、施工技术风险。

7.2.3 基于后果/可能性矩阵的矿建工程项目风险等级确定

根据此矿建工程项目各个风险因素后果和可能性评价结果，绘制

后果/可能性矩阵，如图 7.1 所示。

可能性等级						
	大	III	II	I	I	I
	较大	III	III	II	I	I
	中等	IV	III	人员水平、组织管理、经济社会环境	设计技术 自然地质	I
	较小	IV	IV	施工技术	材料设备因素	I
	小	V	IV	III	II	II
		小	较小	中等	较大	大
		结果等级				

图 7.1 龙固矿建工程项目风险评估结果等级

根据后果/可能性矩阵评价矿建工程项目风险，可以将影响该项目的各风险评为Ⅰ、Ⅱ、Ⅲ、Ⅳ、Ⅴ五个级别。从以上后果/可能性矩阵图可以看出，龙固矿建工程项目的设计技术和自然地质风险因素属于Ⅰ级风险，人员水平、组织管理、经济社会环境和材料设备风险因素属于Ⅱ级风险，施工技术因素属于Ⅲ级风险。对于不同级别的风险因素，项目方实施的应对策略和重视的程度也应有所不同，从而可以为项目风险应对策略的选择和控制方法的实施提供科学依据。

7.2.4 龙固矿建工程评估结果分析

从以上风险评估结果可以看出，龙固矿建工程项目的总体风险属于Ⅱ级风险，人员水平、组织管理、经济社会环境和材料设备风险因素属于Ⅱ级风险，施工技术因素属于Ⅲ级风险。设计技术和自然地质因素属于Ⅰ级风险，这两个风险因素的影响程度较大，发生可能性一般以上。

从工程实例的实际投资和工期数字来看，此矿井建设的实际投资约为36亿元，实际工期为50个月。投资超支近三分之一、超工期半年多，严重影响了投资的经济效益。龙固矿建工程项目建设成本超支，工期延长，固然有地质条件复杂等客观条件方面的原因，但更重要的是与项目建设过程中缺乏系统的风险管理有很大关系。从龙固矿建工程项目的实施过程来看，矿建工程项目实施前，并未运用科学的方法进行关键风险因素识别，主要凭经验确定关键风险因素，存在一定的盲目性；项目建设过程中，缺乏有效的项目风险监控技术与方法，尚未建立健全的风险监控预警系统，致使很难提前预防与应对风险，只是风险事故发生后才采取补救措施。

因此，为了保证矿建工程项目的顺利实施，按质按量低成本地完成工程建设，需要在项目实施前，首先采用科学的定性或定量方法识别关键风险因素，并采用科学的方法进行动态风险评估。项目建设过程中要建立健全风险监控预警系统，利用风险评估模型、预测模型及专家决策系统对项目的风险进行实时地监控和预测，对风险的损害程度做出及时的判断，在项目风险达到警戒范围时，通过指定平台准确、迅速向各相关机构进行险情通报，以便对矿建工程项目风险进行有效识别，及时发现风险因素，在其对项目造成严重影响之前采取有效的管理措施，降低其影响和损失程度。

矿建工程项目风险管理的有效实施，不仅需要科学有效的项目风险管理技术和方法，而且还需要建立健全各种激励约束机制和保障机制，合理设计业主与承包商利益共享风险共担的激励约束机制，建立包括理念、组织、技术、人员以及制度机制保障的系统全面的保障体系。

7.3 本章小结

本章结合龙固矿建工程项目的实际，运用第5章构建的矿建工程项目风险评估方法，对其风险进行实际评价。风险评估结果表明，龙固矿建工程项目的总体风险属于Ⅱ级风险，但设计技术因素和自然地质因素属于Ⅰ级风险，主要是这两个风险因素的影响程度较大，发生可能性一般以上；人员水平、组织管理、经济社会环境和材料设备因素属于Ⅱ级风险，施工技术因素属于Ⅲ级风险。此评估结果与龙固矿建工程项目的实际是相符合的。根据此评估结果，能够确定龙固矿建工程项目建设中各层面的薄弱环节及潜在风险，还能够从系统整体角度进行风险排序，帮助管理者确定各风险因素管理及资源配置的优先次序，实现资源最优配置，从而将风险数据转化为风险决策信息，构建起风险识别和风险控制之间的桥梁。

附　录

附录1　预测试结果统计表

类型	风险因素	序号	影响程度均值	影响程度方差	可能性均值	可能性方差
技术因素	设计未考虑施工可能性	1	3.18	1.52	2.52	0.77
	设计存在缺陷和失误	2	3.71	1.26	3.63	1.34
	设计新工艺的应用条件不成熟	3	1.82	0.86	1.80	0.94
	设计规范/技术指标采用不恰当	4	3.51	1.70	3.20	1.57
	不能按时提供需要的设计文件	5	2.89	1.49	3.03	1.05
	不合理的施工技术	6	3.11	1.87	2.34	0.92
	不合理的施工工艺	7	2.65	1.61	2.12	0.88
	应用新技术新方案的失败	8	3.35	1.41	2.82	0.98
	井筒/巷道位置选择不合理	9	3.40	1.32	2.89	1.16
	井筒/巷道开拓方式不合适	10	4.11	1.67	2.82	1.50
	井筒/巷道支护方式不合适	11	4.37	1.42	2.89	1.39
组织管理因素	参与各方缺少沟通与协作	12	3.85	1.43	3.49	1.05
	相应的监督激励措施不健全	13	2.52	1.37	3.29	1.23
	招投标过程不规范	14	3.35	1.24	3.35	1.08
	合同内容不完备，要求不明确	15	3.46	1.25	3.46	1.20
	承发包方式选择不当	16	3.08	1.36	2.51	1.00
	业主要求修改已确定的设计方案	17	1.94	0.93	3.20	1.25
	业主提供的资料不完全，要求不明确	18	3.71	1.44	3.42	1.26
	施工现场管理不规范	19	4.28	1.51	3.32	1.21
	施工安全保护措施存在漏洞	20	3.97	1.49	3.63	1.23
	资金筹措困难	21	3.68	1.47	2.91	0.96

续表

类型	风险因素	序号	影响程度均值	影响程度方差	可能性均值	可能性方差
组织管理因素	设计人员的能力、经验与项目要求不符	22	3.28	1.27	2.94	1.33
	监理工程师的能力与项目要求不符	23	3.62	1.40	2.92	1.27
	业主管理人员的管理能力和经验与项目要求不符	24	3.28	1.50	3.22	1.10
	施工技术人员的技术、能力和水平与项目要求不符	25	2.89	1.37	3.06	1.30
	项目经理的能力和水平与项目要求不符	26	2.91	1.97	2.22	1.15
	承包商（供应商）履约能力低	27	3.26	1.86	2.60	1.01
	设备材料质量不符合要求	28	3.28	1.70	2.75	1.08
	材料设备未能按约定时间送到施工现场	29	3.08	1.59	2.72	1.14
	材料设备型号/规格出现差错	30	3.34	1.53	2.88	1.07
	新型特殊材料设备使用不当	31	4.02	1.36	3.40	1.14
	机械设备效率不高	32	3.38	1.26	2.95	1.42
环境条件	发生不可抗力因素（地震、台风、洪水等）	33	3.23	1.28	2.71	1.45
	恶劣的天气条件（高温、暴雨等）	34	3.46	1.25	3.46	1.20
	国家相关政策重大调整	35	3.91	1.47	3.48	1.44
	利益相关者的阻力	36	3.83	1.33	3.23	1.07
	宏观经济波动	37	3.77	1.40	3.20	1.21
	工程地质条件与勘探资料差异	38	3.75	1.44	3.51	1.19
	瓦斯、煤尘、地压等灾害	39	3.57	1.46	3.12	1.05

附录2 矿建工程项目影响因素及结果调查（最终问卷）

问卷填写说明

1. 本问卷内容可以是您正在从事的工作，也可以是您以前从事过的项目。请您选择一个有代表性的项目填写。

2. 请您就您的实际观点，在相应的因素后填写相应的数字。

3. 您所回答的答案并无对错之分，只希望您能表达自己的真实意见和想法。

4. 若有对问卷中的条款和表述，感觉不清楚或者不明白的地方请标明，最好给出您的建议。

第一部分 背景资料

（一）煤矿的基本信息：

项目是否完工：	□是 □否		
工程的计划工期：	□1年以下 □1~2年 □2~3年 □3年以上		
工程的投资概算：	□5亿以下 □5~10亿 □10~20亿 □20~30亿 □30亿以上		
设计产量（/年）：	□100万吨/年以下 □100~500万吨/年 □500~1000万吨/年 □1000万吨/年以上		
矿井开拓方式：	□立井 □斜井 □平硐 □多种	井深	____米
矿井施工方法：	□钻井法 □冻结法	掘进方式	□炮掘 □综掘
煤矿设计服务年限	____年		

（二）个人信息：

您所在的部门	□监理单位 □施工单位 □煤矿 □咨询服务 □设计单位
您的职务	□公司领导 □中层管理干部 □一般管理人员 □技术人员
您的年龄	□30岁以下 □30~40岁 □40~50岁 □50岁以上
您的学历	□高中以下 □中专 □大专 □大本及以上
参与该项目的时间	□1年以下 □1~2年 □2~3年 □3年以上

第二部分：因素调查表

填表说明：

本问卷每个题项为1～7分，各得分意义如下：

数值	1	2	3	4	5	6	7
因素重要性	没有影响或影响极小	轻微影响	影响较小	一般	影响较大	影响很大	严重影响
发生可能性	几乎不可能发生	可能性很小	可能性较小	可能性中等	可能性较大	可能性很大	经常发生

请您根据你的经验判断相应的因素对项目的影响，在相应的因素栏内填写相应的数字。

（1）技术因素是指在项目的设计和施工过程中，未能及时从设计、施工等技术方面对项目存在的风险因素进行识别和控制，从而可能给工程项目带来工期、质量、成本等方面的损失。

指 标	因 素	因素重要性	发生可能性
技术因素	设计未考虑施工可能性		
	设计存在缺陷和失误		
	设计规范/技术指标采用不恰当		
	不合理的施工技术		
	不合理的施工工艺		
	井筒/巷道开拓方式不合理		
	井筒/巷道支护方式不合理		

（2）组织管理因素是指在工程项目实施过程中，为实现工程项目的成本、质量、进度、安全等目标，而对项目进行必要的组织、协调和控制，这些措施或因素的不确定性可能给项目带来不同程度的影响。

指 标	因 素	因素重要性	发生可能性
组织管理因素	业主管理人员的管理能力和经验与项目要求不符		
	项目经理的能力和管理水平与项目要求不符		
	施工技术人员的技术、能力和水平与项目要求不符		
	承包商（供应商）履约能力低		
	材料设备质量不符合要求		
	材料设备未能按约定时间送到施工现场		
	材料设备型号/规格出现差错		
	新型特殊材料设备使用不当		
	合同内容不完备，要求不明确		
	施工安全保护措施存在漏洞		
	施工现场管理不规范		
	参与各方缺少沟通与协作		
	业主提供的资料不完全，要求不明确		
	相应的监督激励措施不健全		
	招投标过程不规范		

（3）环境条件因素是指项目实施过程中，由于项目涉及的环境原因（包括天气、地质、经济等）可能导致项目的不确定性。

指 标	因 素	因素重要性	发生可能性
环境因素	国家相关政策重大调整		
	利益相关者的阻力		
	宏观经济波动		
	工程地质条件与勘探差异		
	瓦斯、煤尘、地压等灾害		
	恶劣的天气条件（高温、暴雨等）		

参 考 文 献

[1] 中华人民共和国国家统计局 . 2009 年国民经济和社会发展统计公报［R］. 2010.

[2] 王显政 . 新中国 60 年铸就煤炭工业辉煌成就［J］. 中国煤炭工业，2009（11）：3～6.

[3] 谢和平 . 深部高应力下的资源开采现状、基础科学问题与展望［C］//香山科学会议 . 科学前沿与未来（第六集）. 北京：中国环境科学出版社，2002：179～191.

[4] 何满潮 . 深部开采工程岩石力学的现状及其展望［C］//中国岩石力学与工程学会 . 第八次全国岩石力学与工程学术大会论文集 . 北京：科学出版社，2004：88～94.

[5] 何满潮，谢和平，彭苏萍，等 . 深部开采岩体力学及工程灾害控制研究［J］. 煤矿支护，2007（3）：1～14.

[6] 美国项目管理协会 . 项目管理知识体系（PMBOK）2000 版［M］. 北京：北京现代卓越管理技术交流中心，2001.

[7] 中国项目管理研究委员会 . 中国项目管理知识体系与国际项目管理专业资质认证标准［M］. 北京：机械工业出版社，2002.

[8] 克里斯·查普曼，斯蒂芬·沃德 . 项目风险管理过程技术和洞察力［M］. 李兆玉译 . 北京：电子工业出版社，2003.

[9] 中国项目管理国际研讨会学术委员会 . 中国项目管理知识体系纲要［M］. 北京：电子工业出版社，2002.

[10] Boehm B W. Sotfware risk management：principles and practices［J］. IEEE Software. 1991（8）：32～41.

[11] Chapman R J. The controlling influence on effective risk identification and assessment for construction design management［J］. International Journal of Project Management，2001（119）：147～160.

[12] Kliem R L. Reducing Project Risk［M］. Gower，1997.

[13] Alfredo Delcano，M，Pilar de la Cruz. Integrated methodology for project risk management［J］. Journal of Construction Engineering and Management，2002（4）：473～485.

[14] Tummala V M R，Mnkasu M，Chuah K B. A frarnework for project risk management［J］. ME Research Bulletin，1994（2）：145～171.

[15] Fairley R. Risk management for software project［J］. IEEE Software，1994：57～67.

[16] Chapman C，Ward S. Project risk management：process，techniques and insights［J］. John Wiley，1997：1～18.

[17] 毕星，翟丽 . 项目管理［M］. 上海：复旦大学出版社，2000.

[18] 沈建明 . 项目风险管理［M］. 北京：机械工业出版社，2004.

[19] 罗吉·弗兰根 . 工程建设风险管理［M］. 李世蓉译 . 北京：中国建工出版社，2001.

[20] 于泳湖 . 津滨轻轨工程项目建设期风险管理技术研究［D］. 天津：天津大学，2006.

[21] 雷军华 . 国际工程承包的资金风险管理研究［J］. 系统工程理论与实践，1999（7）：

30 ~ 36.

[22] Williams T M. Risk-management infrastructures [J]. International Journal of Project Management, 1993, 11 (1): 5 ~ 10.

[23] Williams T M. Using a risk register to integrate risk management in project definition [J]. International Journal of Project Management, 1994, 12 (1): 17 ~ 22.

[24] 张建设. 面向过程的工程项目风险动态管理方法研究, [D]. 天津: 天津大学. 2002.

[25] Khan F L, Abbasi S A. Techniques and methodologies for risk analysis in chemical process industries [J]. Journal of Loss Prevention in the Process Industries, 1998, 11 (4): 261 ~ 277.

[26] Makarand Hastak, Aury Shaked. ICRAM-1: Model for international construction risk assessment [J]. Journal of Management in Engineering, 2000 (1): 59 ~ 69.

[27] 张建设, 钟登华. 一种工程项目风险因素识别新方法——表上作业法 [J]. 洛阳大学学报, 2000 (12): 68 ~ 73.

[28] 吴宗之, 高进东, 张兴凯. 工业危险辨识与评价 [M]. 北京: 气象工业出版社, 2000.

[29] 张进发. FEMCA 方法在供应链风险管理中的应用研究 [J]. 物流技术, 2009, 28 (3): 117 ~ 118.

[30] 戴树和. 风险分析技术 (一) ——风险分析的原理和方法 [J]. 压力容器, 2002, 19 (2): 1 ~ 9.

[31] 万军杰. 海外港口建设项目风险预警管理系统研究 [D]. 武汉: 武汉理工大学, 2008.

[32] David Huang, Toly Chen , Mao-Jiun J. Wang. A fuzzy set approach for event tree analysis [J]. Fuzzy Sets and Systems, 2001 (118) 153 ~ 165.

[33] 段秉乾. 复杂产品系统创新的风险管理研究 [D]. 上海: 复旦大学, 2006.

[34] 罗桦宾, 张世英. 海洋平台定量风险评估 [J]. 管理工程学报, 1999 (1): 56 ~ 62.

[35] 金朝光, 林焰, 纪卓尚. 基于模糊集理论事件树分析方法在风险分析中应用 [J]. 大连理工大学学报, 2003, 43 (1): 97 ~ 100.

[36] 李馨. 模糊故障树分析方法新探 [J]. 可靠性与环境适应性理论研究, 2007, 25 (1): 27 ~ 30.

[37] 朱正福, 李长福, 何恩山, 等. 基于马尔可夫链的动态故障树分析方法 [J]. 兵工学报, 2008, 29 (9): 1104 ~ 1107.

[38] 王宏伟, 孙建峰, 吴海欣, 等. 现代大型工程项目全面风险管理体系研究 [J]. 水利水电技术, 2006 (2): 103 ~ 105.

[39] Ali Jaafari. Management of risks, uncertainties and opportunities on projects: time for a fundamental shift [J]. International Journal of Project Management, 2001, 19 (2): 89 ~ 101.

[40] Tummala V M R, Mnkasu M, Chuah K B. A systematic approach to risk management [J].

Journal of Mathematical Modeling and Scientific Computing, 1994 (4): 174 ~ 184.

[41] 张亚莉，杨乃定，杨朝君. 项目的全寿命周期风险管理的研究 [J]. 科学管理研究，2004，22 (2): 27 ~ 30.

[42] 张玮炜，尹志军，陈立文. 基于全生命周期的项目风险分析方法比较研究 [J]. 科技管理研究，2007 (19): 104 ~ 106.

[43] 欧阳建涛，陈睿，刘晓君. 工程项目全寿命周期风险集成化管理研究 [J]. 基建优化，2006，27 (2): 70 ~ 73.

[44] 陈桂香，黄宏伟，尤建新. 对地铁项目全寿命周期风险管理的研究 [J]. 地下空间与工程学报，2006，2 (1): 47 ~ 51.

[45] Nottingham Lucy. Integrated risk management [J]. The Canadian Business Review, 2002, 23 (7): 26 ~ 28.

[46] Nicos S. Integrated risk management [J]. The Journal of Risk and Insurance, 2000, 67 (4): 63 ~ 74.

[47] Fiona D Patterson, Kevin Neaile. A risk register database system to aid the management of project risk [J]. International Journal of Project Management, 2002, 20 (5): 365 ~ 374.

[48] Kakoli Bandyopadhyay, Peter P Mykytyn, Kathleen Mykytyn. A framework for integrated risk management in information technology [J]. Management Decision, 1999, 37 (5): 437 ~ 445.

[49] Chapman C B. A risk engineering approach to project risk management [J]. International Journal of Project Management, 1990, 8 (1): 5 ~ 16.

[50] Damien Schatteman, Willy Herroelen, Stijn van de Vonder, et al. Methodology for integrated risk management and proactive scheduling of construction projects [J]. Journal of Construction Engineering and Management, 2008, 134 (11): 885 ~ 893.

[51] Leung H M, Chuah K B, Tummala V M R. A knowledge-based system for identifying potential project risk [J]. International Journal of Management Science, 1998, 26 (5): 623 ~ 638.

[52] Babu A J G, Suresh N. Project management with time, cost, and quality considerations [J]. European Operations Research, 1996, 88 (2): 320 ~ 327.

[53] Do Ba Khang, Yin Mon Myint. Time, cost and quality trade-off in project management: a case study [J]. International Journal of Project Management, 1999, 17 (4): 249 ~ 256.

[54] 熊鹰，匡亚萍. 基于蚁群算法的施工项目工期——成本优化 [J]. 系统工程理论与实践，2007，27 (3): 105 ~ 111.

[55] 李义华，王忠伟，庞燕. 资源约束条件下工期、质量、成本综合均衡优化 [J]. 中南林业科技大学学报，2008，28 (6): 101 ~ 105.

[56] 杨乃定，姜继娇，贾晓霞. 基于项目的企业集成风险管理目标展开研究 [J]. 中国科技论坛，2003 (5): 95 ~ 98.

[57] 杨乃定，姜继娇，蔡建峰. 基于项目的企业集成风险管理模式研究 [J]. 工业工程与

管理，2004（2）：6~10.
[58] 姜继娇，杨乃定．基于项目的机构投资者集成风险管理模式［J］．管理学报，2005，2（3）：368~371.
[59] 向鹏成，谢琳琳，王林，等．工程项目集成风险管理探讨［J］．建筑经济，2008（5）：37~39.
[60] 金德民．工程项目全寿命期风险管理系统理论及集成研究［D］．天津：天津大学，2004.
[61] 张传栋，卢丙力．基于全寿命周期的大型建设项目集成风险管理研究［J］．2005（2）：38~40.
[62] 国汉君．风险预控基本理论及在煤矿实践中的应用［J］．中国煤炭，2007，33（11）：65~68，72.
[63] 李新春，宋学锋．基于风险预控的煤矿安全管理评价系统建立研究［J］．煤炭工程，2007（9）：82~84.
[64] 马谦杰．煤炭生产事故的系统风险理论分析［J］．煤矿安全，2006（4）：73~76.
[65] 张安元．煤矿井下重大危险源辨识与监控方法研究［D］．山东：山东科技大学，2004.
[66] 林柏泉，康国峰，周延，王文超．煤矿生产安全风险管理机制的研究与应用［J］．中国安全科学学报，2009，19（5）：43~50.
[67] 孙斌．煤矿安全管理风险评估研究［J］．中国煤炭，2006，32（6）：62~63，66.
[68] 世界银行项目管理编写组．世界银行项目管理［M］．北京：中国财政经济出版社，1983.
[69] 国际标准化组织．ISO1006 项目管理指南［M］．北京：标准出版社，1997.
[70] Gido，Jack，Jams Clements P. Successful Project Management［M］. South Western College Publishing，1999.
[71] 美国项目管理协会．项目管理知识体系指南（PMBOK 指南）［M］．3 版．北京：电子工业出版社，2004.
[72] Turner R. Handbook of Project-Based Management［M］. McGrau-Hill，1983.
[73] Turner R. The Commercial Project Manager：Key Commercial，Financial，and Legal Skills for Project Managers［M］. McGrau-Hill，1995.
[74] 中国（双法）项目管理研究委员会．中国项目管理知识体系（C-PMBOK2006）［M］．北京：电子工业出版社，2006.
[75] 吴新华．济（宁）北矿区建设项目管理模式研究及评价［D］．青岛：山东科技大学，2005.
[76] 邱菀华，等．项目管理学——工程管理理论、方法与实践［M］．北京：科学出版社，2001.
[77] Morris P W G. The Anatomy of Projects［M］. Thomas Telford，1997.
[78] Morris P W G. The Management of Projects［M］. Thomas Telford，1994.

[79] 王卓甫，简迎辉．工程项目管理模式及其创新［M］．北京：中国水利水电出版社，2006.

[80] 刘石慧．企业项目管理理论与研究进展：一个文献综述［J］．集团经济研究，2007（12）：45～47.

[81] 瑞涵．工程项目集成化管理理论与创新研究［D］．天津：天津大学，2002.

[82] 王卓甫，谈飞，张云宁，等．工程项目管理——理论、方法与应用［M］．北京：中国水利水电出版社，2007.

[83] 安和人，秦佳之．煤炭工程建设监理与项目管理的探索［J］．煤炭工程，2003（11）：72～74.

[84] Mowbray A H，Williams C A. Insurance. 4th ed［M］. New York，McGraw-Hill，1955.

[85] 严武．风险统计与决策分析［M］．北京：经济管理出版社，1996.

[86] Rosenbloom J S. A Case Study in Risk Management［M］. Prentice Hall，1972.

[87] Grance F G. Insurance Principles and Practice. 2nd ed［M］. Willey，1984.

[88] 宋明哲．风险管理［M］．中国台湾：中华企业管理发展中心，1983.

[89] Williams A，Heine R M. Risk Management and Insurance［M］. New York，McGraw-hill，1985.

[90] Gove Phillip Babcock. Webster's Third New International Dictionary：Unabridged. Springfield［M］. MA：Merrian-Webster. 1981.

[91] 赫伯特·西蒙．现代决策理论的基础［M］．北京：北京经济学院出版社，1989.

[92] 卢有杰，卢家仪．项目风险管理［M］．北京：清华大学出版社，1998.

[93] 张青晖，沙基昌．风险分析综述［J］．系统工程与电子技术，1996，18（2）：42～45.

[94] 朱淑珍．金融创新与金融风险——发展中的两难［M］．上海：复旦大学出版社，2002.

[95] Max Wideman R. Project and Program Risk Management：A Guide to Managing Project Risks and Opportunities［M］. Project Management Institute，USA，1992.

[96] Jamal F Al-Bahar，Keith C Crandall. Systematic risk management approach for construction projects［J］. Journal of Construction Engineering and Management，ASCE，1990（3）：533～546.

[97] 傅鸿源．工程项目风险评估方法的研究［J］．系统工程理论与实践，1995，15（10）：55～58.

[98] 郭仲伟，风险分析与决策［M］．北京：机械工业出版社，1987.

[99] 赵恒峰，邱菀华，王新哲．风险因子的模糊综合评判法［J］．系统工程理论与实践．1997，7（7）：93～96.

[100] Williams T M. The two-dimensionality of project risk［J］. International Journal of Project Managemen，1996，14（3）：185～186.

[101] Alexandre Rodrigues，Jon Bowers. The role of system dynamics in project management［J］.

International Journal of Project Management, 1996 (14): 213 ~ 220.
[102] 张建设，钟登华．工程项目风险的多维功效函数评价方法研究［J］．洛阳大学学报，2002，17（2）：48 ~ 53.
[103] 陈赟．工程项目风险度量：多维函数法［J］．建筑设计管理，2006（5）：29 ~ 32.
[104] 卿姚，王月明．我国工程项目风险管理研究综述［J］．四川建筑科学研究，2000，33（2）：193 ~ 196.
[105] 陆惠民，苏振民．工程项目管理［M］．南京：东南大学出版社，2002：9.
[106] 严复海，党星，颜文虎．风险管理发展历程和趋势综述［J］．管理现代化，2007（2）：30 ~ 33.
[107] Miller K D. A framework for integrated risk management in international business [J]. Journal of International Business Studies, 1991 (2): 311 ~ 331.
[108] Broadleaf Capital International. Risk Management Standard, AS/NZS 4360: 2004.
[109] 方红星．企业风险管理——整合框架［M］．王宏译．大连：东北财经大学出版社，2005.
[110] Cooper D F, Chapman C B. Risk Analysis for Large Project [M]. UK: Wiley, 1987.
[111] Mustafa M, Al-Bahar J F. Project risk assessment—using the analytic hierarchy process [J]. IEEE Transactions on Engineering Management, 1991, 38 (1): 46 ~ 52..
[112] Finnerty J. Project Financing: Asset-Based Financial Engineering [M]. New York, John Wiley & Sons, 1996.
[113] Gary R Smith. Caryn M Bohn. Small to medium contractor construction contingency and assumption of risk [J]. Journal of Construction Engineering and Management, 1999, 125 (2): 101 ~ 108.
[114] Miller R, Lessard D. Understanding and managing risks in large engineering projects [J]. International Journal of Project Management, 2001 (19): 437 ~ 443.
[115] Baloi D, Price A D F. Modelling global risk factors affecting construction cost performance [J]. International Journal of Project Management, 2003 (21): 261 ~ 269.
[116] Chapman R J. The role of system dynamics in of changes to key project personnel on understanding the impact design production within construction projects [J]. International Joururnal of Project Management, 1998, 16 (4): 235 ~ 247.
[117] Richard M Heins, C Arthur Williams. Risk Management and Insurance [M]. McGraw-Hill Education, 1976.
[118] 邱菀华．现代项目风险管理方法与实践［M］．北京：科学出版社，2003.
[119] 王卓甫．工程项目风险管理——理论、方法与应用［M］．北京：中国水利水电出版社，2003.
[120] 杨怀敏．矿井建设管理模式现状分析与对策［J］．矿业研究与开发，2006，26（3）：8 ~ 10.
[121] 穆忻普，闻玉环．现代煤炭企业生产管理学［M］．徐州：中国矿业大学出版

社，1991.
[122] 刘峰．大型煤炭项目基本建设管理创新与实践［J］．中国煤炭，2007，33（12）：5～9.
[123] 温国锋．论煤炭企业的项目管理［J］．煤炭工程，2003（9）：65～67.
[124] 郭家荣．基于B/S的矿井工程项目管理系统的研究与开发［D］．淮南：安徽理工大学，2005.
[125] 李光红．基于合同模式下的工程项目管理方式研究［D］．大连：大连理工大学，2007.
[126] 李世蓉，兰定筠，胡玉明．业主工程项目管理使用手册［M］．北京：中国建筑工业出版社，2007.
[127] 李舒亮．建设项目的风险管理效率研究［D］．哈尔滨：哈尔滨工业大学，2006.
[128] John Von Neumann，Morgenstern J O. Theory of Games and Economic Behavior，Rinceton [M]. Princeton University Press，1944.
[129] J. J. 拉丰．经济理论的进展（上、下）［C］．王国成，黄涛等译//国际经济计量学会第六届世界大会专集．北京：中国社会科学出版社，2001.
[130] 谢识予．经济博弈论［M］．2版．上海：复旦大学出版社，2002.
[131] 张维迎．博弈论与信息经济学［M］．上海：上海人民出版社，1996.
[132] 孙庆文，陆柳，严广乐，车宏安．不完全信息条件下演化博弈均衡的稳定性分析［J］．系统工程理论与实践，2003（7）：11～16.
[133] 黄涛．博弈论教程——理论·应用［M］．北京：首都经济贸易大学出版社，2004.
[134] 唐壮志．我国商业银行风险与效率研究［J］．现代商贸工业，2009（6）：162～164.
[135] 李卫东．应用多元统计分析［M］．北京：北京大学出版社，2008.
[136] 于军．工程项目风险综合评价体系研究［D］．大连：大连理工大学，2007.
[137] 孙斌，田水承，常心坦．事故风险评估与风险管理模式研究［J］．中国矿业，2003，12（1）：71～73.
[138] 李晓宇，张明玉，张凯．工程项目风险评估体系研究［J］．科技进步与对策，2005，22（6）：43～45.
[139] Jiahao Zeng，Min An，Nigel John Smith. Application of a fuzzy based decision making methodology to construction project risk assessment [J]. International Journal of Project Management，2007，25（6）：589～600.
[140] 赵公立．工程项目施工管理方法的研究与实践［D］．西安：西安建筑科技大学，2005.
[141] 苏为华．多指标综合评价理论与方法研究［M］．北京：中国物价出版社，2001.
[142] 巩春领．大跨度斜拉桥施工风险分析与对策研究［D］．上海：同济大学，2006.
[143] 叶义成，柯丽华，黄德育．系统综合评价技术及其应用［M］．北京：冶金工业出版社，2006.
[144] Saaty T L. Fundamentals of Decision Making and Priority Theory with the Analytic Hierarchy

Process [M]. RWS Publications, 1994.

[145] 高峰，陈英武．关键工程系统风险管理研究进展［J］．世界科技研究与发展，2005，27（2）：89～95.

[146] Hyo-Nam Cho, et al. A risk assessment methodology for incorporating uncertainties using fuzzy concepts [J]. Reliability Engineering and System Safety , 2002 (78): 173～183.

[147] Deng Julong. Grey information space [J]. The Journal of Grey System, 1989, 2 (1): 103～118.

[148] Meng Guangwu. Grey sets [J]. The Journal of Grey System, 1990, 2 (1): 21～31.

[149] 顾基发，赵丽艳．航天系统安全性分析的概率风险评估方法［J］．系统工程与电子技术，1999，21（8）：28～31.

[150] Sherif M Yacoub, Hany H Ammar, Tom Robinson. A methodology for architectural-level risk assessment using dynamic metrics [J]. 11th International Symposium On Software Reliability Engineer in Proceedings, 2000: 210～211.

[151] 徐培德，刘明亮，董献洲．基于 PRA 方法的风险分析系统设计［J］．武汉理工大学学报，2003，25（3）：134～137.

[152] 赵丽艳，顾基发．概率风险评估（PRA）方法在我国某型号运载火箭安全性分析中的应用［J］．系统工程理论与实践，2000，20（6）：91～97.

[153] 刘开第，庞彦军，曹庆奎．未确知集及其应用前景［J］．计算机科学，2003，30（5）：103～105.

[154] 王光远．未确知信息及其数学处理［J］．哈尔滨建筑工程学院学报，1990，23（4）：1～9.

[155] 诸克军，张新兰，肖荔瑾．Fuzzy AHP 方法及应用［J］．系统工程理论与实践，1997，17（12）：64～69.

[156] 杨林娟，沈士明．工业风险分析与评价方法综述（二）［J］．压力容器，2005b，22（8）：35～39.

[157] Epstein S, Rauzy A. Can we trust PRA? [J]. Reliability Engineering and System Safety, 2005, 88 (1): 195～205.

[158] 朱启超，陈英武，匡兴华．现代技术项目风险管理研究的理论热点与展望［J］．科学管理研究，2005，23（2）：41～45，49.

[159] 徐哲，冯允成，鲁大伟．武器装备研制项目的技术风险评估［J］．系统工程与电子技术，2005，27（6）：1123～1127.

[160] 信春华．高新技术转化为技术标准的潜力分析及运行机制研究［D］．北京：中国矿业大学，2007.

[161] 刘善任，凌文辁．德尔菲法在企业人力资源预测中的应用［J］．企业经济，2003（2）：116～117.

[162] 曾建权．层次分析法在确定企业家评价指标权重中的应用［J］．南京理工大学学报，2004（2）：99～104.

[163] 汤永利，徐国爱，钮心忻，等．基于信息熵的信息安全风险分析模型［J］．北京邮电大学学报，2008，31（2）：50～53.
[164] 任向阳．科技成果转化为技术标准的模式选择与机制设计研究［D］，北京：中国矿业大学，2009.
[165] 孙亮，徐友全，王德东，等．信息熵在设计风险管理中的应用研究［J］．山东建筑大学学报，2009，1（24）：518～521.
[166] 王旭，曹达强，邢乐斌．基于信息熵的工程建设项目风险控制研究［J］．价值工程，2008（6）：98～100.
[167] 王卓甫．工程项目风险管理风险及其应对利用［M］．北京：中国水利水电出版社，2005.
[168] 徐志胜．人-机-环境系统可靠性研究［M］．徐州：中国矿业大学出版社，1995.
[169] 吴立云，杨玉中．综采工作面人-机-环境系统安全性分析［J］．应用基础与工程科学学报，2008，16（3）：436～445.
[170] 许如亮．施工现场人、机、环境本质安全［J］．安全与健康，2002（9）：21～23.
[171] 武明霞．建筑安全技术与管理［M］．北京：机械工业出版社，2005.
[172] 吴焕通，崔永军．隧道施工及组织管理指南［M］．北京：人民交通出版社，2004.